Jörg Becker

Standortanalyse oder wie man die Qualität und Performance des Standortkapitals bewerten kann

Sensoren des Standortgeschehens

Der Autor

Jörg Becker hat Führungspositionen in der amerikanischen IT-Wirtschaft, bei internationalen Consultingfirmen und im Marketingmanagement bekleidet und ist Inhaber eines Denkstudio für strategisches Wissensmanagement zur Analyse mittelstandorientierter Businessoptionen auf Basis von Personal- und Standortbilanzen. Die Publikationen reichen von unabhängigen Analysen bis zu umfangreichen thematischen Dossiers, die aus hochwertigen und verlässlichen Quellen zusammengestellt und fachübergreifend analysiert werden. Zwar handelt es sich bei diesen Betrachtungen (auch als Storytelling) vor allem von Intellektuellem (immateriellen) Kapital nicht unbedingt um etwas Neues. Doch um neue Wege zu gehen, reicht es manchmal aus, verschiedene Sachverhalte, die sich bewährt haben, miteinander neu zu kombinieren und fachübergreifend zu durchdenken. Zahlen ja, im Vordergrund stehen aber „weiche" Faktoren: es wird versucht, Einflussfaktoren nicht nur als absolute Zahlengrößen, sondern vor allem in ihrer Relation zueinander und somit in ihren dynamischen Wirkungsbeziehungen zu sehen. Auch scheinbar Nebensächliches wird aufmerksam beobachtet. In der unendlichen Titel- und Textfülle im Internet scheint es kaum noch ein Problem oder Thema zu geben, das nicht bereits ausführlich abgehandelt und oft beschrieben wurde. Viele neu hinzugefügte und generierte Texte sind deshalb zwangsläufig nur noch formale Abwandlungen und Variationen. Das Neue und Innovative wird trotzdem nicht untergehen. Die Kreativität beim Schreiben drückt sich dadurch aus, vorhandenes Material in vielen kleinen Einzelteilen neu zu werten, neu zusammen zu setzen, auf individuelle Weise zu kombinieren und in einen neuen Kontext zu stellen. Ähnlich einem Bild, das zwar auf gleichen Farben beruhend trotzdem immer wieder in ganz neuer Weise und Sicht geschaffen wird. Texte werden also nicht nur immer wiederholt sequentiell gelesen, sondern entstehen in neuen Prozess- und Wertschöpfungsketten. Das Neue folgt aus dem Prozess des Entstehens, der seinerseits neues Denken anstößt.

Das Publikationskonzept für eine selbst entwickelte Tool-Box: Storytelling, d.h. Sach- und Fachthemen möglichst in erzählerischer Weise und auf (Tages-) Aktualität bezugnehmend aufbereiten. Mit akademischer Abkapselung haben viele Ökonomen es bisher versäumt, im Wettbewerb um die besseren Geschichten mitzubieten. Die in den Publikationen von Jörg Becker unter immer wieder anderen und neuen Blickwinkeln dargestellten Konzepte beruhen auf zwei Grundpfeilern: 1. personenbezogener Kompetenzanalyse und 2. raumbezogener Standortanalyse. Als verbindende Elemente dieser beiden Grundpfeiler werden a) Wissensmanagement des Intellektuellen Kapitals und b) bilanzgestützte Decision Support Tools analysiert. Fiktive Realitäten können dabei manchmal leichter zu handfesten Realitäten führen. Dies alles unter einem gemeinsamen Überbau: nämlich dem von ganzheitlich durchgängig abstimmfähig, dynamisch vernetzt, potential- und strategieorientiert entwickelten Lösungswegen.

Management Overview

Nicht alles was gemessen wird, muss deshalb auch von Bedeutung sein; nicht alles was wichtig ist, muss deshalb auch zu messen sein. Die wichtige Frage lautet somit: ist ein Standort überhaupt messbar? Die Antwort ist: Ja, denn auch Bewertungen hierzu sind fassbare, erfragbare Realitäten. Wer Transparenz scheut, hat meist nur geringes Vertrauen in sein eigenes Beurteilungsvermögen und hat in einer immer mehr wissensorientierten Wirtschaftswelt immer weniger Chancen. Über die Standortökonomie weicher Faktoren können auch dynamische Wirkungszusammenhänge erfasst werden: dabei geht es um die dynamischen Zusammenhänge der immateriellen Ressourcen. Mit einer Wirkungsanalyse können Wirkungszusammenhänge innerhalb der Standortfaktoren erkannt werden.

Eine detaillierte Standortbilanz gibt eine Antwort darauf, wofür der Standort steht, wie er sich selbst wahrnimmt und wie er von ansässigen und ansiedlungsinteressierten Unternehmen wahrgenommen wird. Es geht um: Dreifach-Dimension der Intangibles, welcher Bereich des Standortes soll bilanziert werden? Wesen von Kennzahlensystemen, Zuordnung auf Standortfaktoren, Beobachtung und Steuerung, wechselseitige Abhängigkeiten, Grundstruktur „weicher" Faktoren, nicht immer direkt greifbar, trotzdem wirksam, Konzentration der Ressourcen, Kommunikationsintensität wächst rasant, Mehrwert und Alleinstellungsmerkmal, Glaubwürdigkeit und Transparenz. Relationen zwischen einzelnen Standortfaktoren können oft mehr aussagen als ihre absoluten Werte. Die Bildung und Auswertung von Indikatoren setzt zunächst voraus, dass man sich der Grenzen ihrer Aussagefähigkeit bewusst ist. So darf nicht übersehen werden, dass Indikatoren in ihrer mathematischen Formalisierung oft statisch sind und die Dynamik ablaufender Standortprozesse nicht immer genau zeitnah abbilden.

Nicht aus dem Auge verloren werden sollte, dass vergangenheitsbezogene Kennzahlen nur bedingte Aussagen über die Gegenwart und noch weniger Aussagen über die Zukunft zulassen, statische Kennzahlen nur stichtagsbezogene Situationen widerspiegeln und damit nicht Bewegungsabläufe über Zeiträume erfassen können, Indikatoren somit nicht isoliert interpretiert werden dürfen, sondern sich immer einer bestimmten Systematik zuordnen lassen müssen. Jeder Standort muss für sich individuell diejenigen Indikatoren finden und bestimmen, die ihm für die Steuerung und Messung von Geschäftsprozessen als am besten geeignet erscheinen. Dies hängt nicht zuletzt davon ab, welche Einflussfaktoren (d.h. Prozess-, Erfolgs-, Human, Struktur- und Beziehungsfaktoren) zuvor als Ausgangsbasis und Grundlage definiert wurden sowie welche Maßnahmenpotenziale hierauf aufbauend und sich beziehend ebenfalls zuvor identifiziert wurden. Als alles entscheidende Frage steht daher im Raum: wie, wem und mit welchen Instrumenten gelingt es, das kreative Potenzial, immaterielle Vermögen/Kapital des Standortes (quantitativ nachprüfbar, mit allen Wirkungsbeziehungen) offen darzulegen?

Nicht zuletzt wird auch der Umfang der Bewertungsverfahren davon abhängen, ob sich ihr Bilanzierungsbereich auf eine Kommune, einen Kreis oder eine ganze Region erstreckt. Denkbar wäre auch, gemarkungsübergreifende kommunale Kooperationen in einer eigens dafür zusammen gefassten Standortbilanz darzustellen. Ein weiterer Ansatz für die Festlegung des Bilanzierungsbereiches könnte sein, eine Standortbilanz auf einen besonders wichtigen Cluster als Multiplikatorenzentrale auszurichten, wie beispielsweise nur für die Kreativwirtschaft, den Informationstechnologie-Sektor oder die High-Tech-Wirtschaft. Die Auswahl der Standortfaktoren für den Aufbau einer Standortbilanz-Struktur dürfte ebenfalls je nach festgelegtem Bilanzierungsbereich unterschiedlich ausfallen. Mit der Beschreibung des Geschäftsumfeldes wird der Blick über Standortgrenzen hinaus gelenkt. Was dort vorgeht, beeinflusst die Entwicklungsmöglichkeiten/-chancen des eigenen Standortes mindestens ebenso stark wie alles, was innerhalb der Standortgrenzen selbst geschieht.

Im globalen Wettbewerb verlieren nicht nur die Grenzen zwischen Ländern, sondern auch zwischen Branchen und Unternehmen an Bedeutung. Der Geschäftserfolg hängt vielmehr von den Rahmenbedingungen eines lokalen Standortes ab. Den Überblick behält vor allem der, der allen diesen Sachverhalten eine nachvollziehbare Struktur geben kann. Wie in einer Unternehmensbilanz über die darin angeführten Bilanzpositionen Inhalte und Regeln des Wirtschaftsgeschehens definiert werden können, so kann auch mit Hilfe von Standortfaktoren analog ein festes Gerüst für das Standortgeschehen zusammengefügt werden. Es wird angenommen, dass bereits grundsätzliche Überlegungen angestellt wurden, auf welchen Grundpfeilern nach allgemeiner Meinung der Standort ruht. Diese wären dann die immer unter der Rubrik Standortfaktor (= Bilanzposition) diskutierten Sachverhalte. Standorte sind aber nicht nur sehr komplex (oft auch kompliziert) sondern jeder ist für sich gesehen auch ein sehr individuelles Gebilde. Daraus folgt, dass jeder Standort auch sein eigenes System der Standortfaktoren (=Bilanzpositionen) entwickeln sollte. Durch konsequentes Identifizieren von internem und externem Wissen soll dieses besser überwach- und steuerbar gemacht werden und über die Stärkung der spezifischen Kernkompetenzen des Standortes somit in dessen Wertschöpfung einfließen.

Durch Identifizierung von Interdependenzen wird ein „Silo"-Denken überwunden: mit Hilfe einer Standortbilanz kann aufgezeigt werden, wie alles zusammenhängt und welche Hebel mit bestimmten Erfolgsfaktoren eingesetzt werden können. Spezifische Stärken und Entwicklungspotenziale können gezielt weiterentwickelt werden, durch mehr Transparenz über das vorhandene Wissen lässt sich der zu schließende Wissensbedarf exakter ermitteln. Zusammen mit der Kommunalverwaltung sollte entschieden werden, wofür eine Standortbilanz eingesetzt werden soll (und kann). Die rechnerische Kennzahlenzerlegung wird erst dann fruchtbringend, wenn sie zu Kennzahlenbündeln führt, die vorhandene Informationen sinnvoll ordnen. Kennzahlenbündel haben die Aufgabe, die Spitzenkennzahl des Systems analytisch bezüglich der sie dimensionierenden Einflussgrößen zu erklären. Der qualifizierte Kennzahlenvergleich wird gesichert durch die Kennzahlennormung über logische und sinnvolle Kennzahlenformen sowie durch die eindeutige Definition der Kennzahlenbestandteile.

Zum Wesen eines Kennzahlensystems gehört daher die Beantwortung der Fragen nach Verhältnismäßigkeit (durch Kennzahlenvergleich) und Ursächlichkeit (durch Kennzahlenzerlegung). Insbesondere die extern, d.h. damit auch allgemein verfügbaren Indikatoren sollten nicht nur vollständig zusammengestellt werden, sondern auch in Relation zu anderen Standorten, d.h. insbesondere in den Vergleich zu direkt konkurrierenden Standorten gesetzt werden. Wenn man dies versäumt, tun dies ohnehin andere. Und zwar ohne, dass man selbst vielleicht noch Interpretationen für Rückschlüsse anderer beitragen könnte. Ansiedlungs- und investitionsinteressierte Unternehmen oder Personen werden ohnehin ihre eigenen Standortvergleiche anstellen. Wer aber das umgebende Geschehen nicht mehr vollständig erfassen kann, muss Wissenslücken, Zielkonflikte und Kontrollverluste in Kauf nehmen. Hierfür muss ein barrierefreier Austausch erfolgsrelevanter Informationen über funktionale Grenzen hinweg sichergestellt werden.

Voraussetzung ist eine genaue und detaillierte Analyse aller zugrunde liegenden Ursache-Wirkungs-Beziehungen. Es geht um die Fähigkeit, neues Wissen zu erkennen und zielführend verarbeiten zu können. Je komplexer sich dieses Umfeld darstellt desto mehr brauchen Entscheidungsträger Horizonte und Handlungsspielräume (kurzfristig Orientierte können leicht Entwicklungen übersehen, die frühzeitige Weichenstellungen erfordern). Ohne ein auf Standortfragen geeichtes Verfahren geraten die politisch und fachlich Verantwortlichen in Gefahr, ein so komplexes und vernetztes Gebilde wie einen Standort mit allen seinen Besonderheiten wie im Blindflug steuern zu müssen. Mit einem Instrumentarium von graphischen Wirkungsnetzen kann versucht werden, mehr Klarheit in das zeitweise nebulöse „Irgendwie" dieser gegenseitigen Abhängigkeiten und Korrelationen zu bringen. Neben aktiver und passiver Stärke der gegenseitigen Wirkungseinflüsse soll in Form der Wirkungsdauer-Analyse als zusätzliche Komponente der Faktor Zeit einbezogen werden.

Zwischen Standortfaktoren gibt es eine Vielzahl von sich teilweise überlagernden dynamischen Wirkungsbeziehungen. Auf dieser Ebene kann man eines erreichen: nämlich Anregungen für notwendige Denk- und Entscheidungsprozesse. Solche übersichtlichen Wirkungsnetze erleichtern den Einstieg in Diskussionen und Abstimmungen und können somit als allgemein verstehbare Kommunikationsplattform für Beteiligte mit oft unterschiedlichen Interessenlagen und Informationsständen eingesetzt werden. Man hofft und erwartet, dass eine datengesteuerte Verwaltung schnellere und bessere Entscheidungen treffen könnte. In der Digitalwelt soll möglichst viel (fast alles) allein von Software erledigt werden. Mit jedem Tag werden Milliarden solcher Datenhäppchen produziert, verbunden mit Fortschritten bei der Auswertung: gigantische Datenmengen lassen sich in Echtzeit durchforsten. Der Traum vom vorausschauenden Computer, der nicht nur die Vergangenheit sondern auch die Zukunft kennt, für den mit seiner Intelligenz nichts mehr ungewiss wäre, scheint manchen möglich. Wenn er aber trotz immenser Technologien die Realität in Vorhersagemodellen trotzdem nur ungenügend abzubilden vermag, wird als Entschuldigung gleich mitgeliefert, dass man eben immer noch zu wenige Daten habe.

Für manche Experten hat sich der politische Raum bereits in ein kybernetisches System mit einer Verwaltung als Automatismus verwandelt. Aufgrund des Black-Box-Charakters von Algorithmen sehen manche am Horizont bereits so etwas wie eine Algokratie heraufziehen. Danach würden mit Algorithmen, die sich nur schwer demokratisieren lassen, Normen durch die Hintertür implementiert. Wenn dem so wäre: Codes sind kein Äquivalent für Gesetze und sollten nicht darüber bestimmen dürfen, was für ein Gemeinwesen gut oder schlecht ist. Im Grunde genommen ist somit jedermann dazu aufgerufen, sich möglichst genau anzusehen und (wenn überhaupt möglich) darüber zu informieren, wie alle genau alle diese Systeme (vor allem auch im Zusammenspiel ihrer Einzelkomponenten) funktionieren. Die Automatisierung von Expertenwissen bringt in einer informationsüberfluteten Gesellschaft Vorteile. Aber so wenig, wie Menschen vollständig von Dampfmaschinen abgelöst wurden, so wenig wird man auch trotz Internet auf Experten verzichten können. Aber weil jeder Wissen googeln kann, bleibt nicht alles so wie es ist. Auch Experten, Journalisten, Ärzte,

Lehrer oder eben auch Standortakteure stehen mitten im Wandel der Digitalisierung.

Die Autorität von Experten basiert jetzt weniger auf dem Umstand, mehr zu wissen. Als vielmehr darauf, den strukturellen Überblick zu besitzen, um neues Wissen angemessen und sachgerecht bewerten und einordnen zu können. Denn Suchmaschinen automatisieren das Finden von Wissen, nicht aber seine Produktion. Die zunehmende Globalisierung der Märkte hat in den letzten Jahren die Flexibilisierung von Organisationsstrukturen, Prozessen und Systemen beschleunigt. Collaborative Business unterstützt dies dabei im virtuellen Raum des Internets, d.h. unabhängig von zeitlichen und geografischen Gegebenheiten und unter Einbeziehung beliebig vieler Geschäftspartner, die Integration von Geschäftsabläufen über Unternehmensgrenzen hinweg. Prozess- und Datenintegrität sind zusammen mit guten Geschäftsbeziehungen der beste Weg zu einer funktionierenden unternehmensübergreifenden Zusammenarbeit. In einer solchen „Virtual Corporation" verbinden sich mehrere Partner ziel- und projektorientiert, um gemeinsam Produkte, Dienstleistungen und Services auf den Märkten anzubieten. Alles dies tangiert auf breiter Front auch Standortanalysen und Standortentscheidungen.

Der Decision Support für alles dies verlangt im Kontext mit Standorten nach einer breiten und tragfähigen Palette von Indikatoren und Sensoren. *Generierung von Standort- Handlungsempfehlungen*: aus der Systematik der Standortbilanz heraus können bereits Handlungsempfehlungen generiert werden. Dies sind keine Muss-Anweisungen, stellen aber trotzdem für eine Vielzahl von Anwendungen im Bereich der Standortentwicklung wertvolle Hinweise bereit. Aus allen vier, im Rahmen der Standort-Vermessung ermittelbaren Strategietypen können sich wichtige Konsequenzen für die zukünftige Standortarbeit ergeben, die akuten Handlungsdruck signalisieren. Des weiteren lassen sich Verantwortungsbereiche für die Entwicklung des Standortes klarer fassen und definieren, daraus abzuleitende Teilziele des Standortes können präziser formuliert werden. Die Behandlung allein der finanziellen Werttreiber genügt heute nicht mehr, um den Erfolg zu messen.

Die finanzielle Perspektive sollte deshalb um eine strukturierte Darstellung auch immaterieller Vermögenswerte erweitert werden. Oder anders ausgedrückt: die nichtfinanziellen Werttreiber sind wie ein Sockel (Vermögenswerte, die einen Beitrag zum Erfolg des Standortes leisten und weder materielle Güter noch Finanzanlagen sind) unter der Wasseroberfläche, der oft den größeren Teil des Eisberges der Standortperformance ausmacht. Von der Gegenwart ausgehend werden in einer Lageanalyse Wahrscheinlichkeitsgrade ermittelt, nach denen sich sowohl interne als auch externe Einflussfaktoren innerhalb der nächsten Zeit verändern werden. Es wird ein Entwicklungsverlauf aufgezeigt, der zu einer bestimmten Zukunftssituation führt: jeweils unter der Annahme, dass die Einflüsse heute geltender Tatbestände mit fortschreitender Zukunft immer mehr abnehmen werden. Technische Entwicklungen, demographische Veränderungen oder politische Krisen/ Umbrüche können zu Diskontinuitäten des Umfeldes führen, auf die Standorte kaum Einfluss haben. Was sie aber in der Hand haben, ist die hierauf am besten geeignete Reaktion.

Während in den Strukturen der Gegenwart Störereignisse meist noch keine Rolle spielen, nehmen mit zunehmender Erweiterung dieses Zukunfts-/Zeittrichters gleichzeitig die Ungewissheit von Informationen und damit auch die Unsicherheit hinsichtlich des Eintreffens von Voraussagen zu: in der ganz weiten Zukunftsferne wird nahezu alles möglich. An sich bekannte Prozesse können unter völlig neuen Gesichtspunkten durchleuchtet werden: Zusammenhänge zwischen Standortzielen, Geschäftserfolgsfaktoren und Geschäftsprozessen einerseits sowie Standortfaktoren wie Human-, Struktur- und Beziehungskapital andererseits werden sichtbar gemacht. Dynamik, Stärke und Dauer von Zusammenhängen werden mit Hilfe von Indikatoren mess- und nachvollziehbar gemacht. Dabei ist Wandel nichts Neues, sondern hat zu allen Zeiten stattgefunden. Was sich aber am Prozess des Wandels, nicht zuletzt ausgelöst durch eine globale Finanz- und Wirtschaftskrise, in jüngster Zeit geändert hat: der Wandel wird offenbar weniger vorhersehbar, der Wandel erfolgt in immer kürzeren Abständen, der Wandel zeigt sich in immer heftigeren Ausschlägen, der Wandel ist nicht mehr lokal begrenzt, der Wandel zeitigt immer gravierende Folgen und Auswirkungen für die gesamte Bevölkerung. Ähnlich dem Klimawandel müssen sich somit auch Standorte auf Wandel einstellen. Auch hier wird es Verlierer und Gewinner geben. Was in der Wirtschaft unter dem Oberbegriff „Change Management" verstanden wird, muss somit auch für einen Standort und dessen Wirtschaftsförderung zur Selbstverständlichkeit werden. Für die Wirtschaftsförderung dürfte es hierbei schwierig werden, solange sie nicht über ein ausgefeiltes Indikatoren-Instrument verfügt.

Die Wegstrecke, die zwischen beispielsweise Wirtschaftsförderung und Standortmarketing liegt, ist verschwindend klein. In der Praxis sind beides eng miteinander verbundene Geschwister mit dem gleichen Ziel, nämlich einen Standort nach vorne zu bringen und seine Potenziale zum Wohle seiner Bewohner bestmöglich auszunutzen und zur Geltung zu bringen. Dabei sind Standorte keine monolithischen Blöcke, sondern bestehen aus einer Vielzahl von unterschiedlichen Segmenten. Es kommt darauf an, dass ein Standort in seinen Zielsegmenten über genügend Ressourcen und Potenziale verfügt, um erfolgreich sein zu können. Die Segmentierung, d.h. die genaue Definition und Abgrenzung des Aktionsfeldes ist ein grundlegendes Planungselement für die Zukunft. Die Ordnung der Standortfaktoren erhöht die Transparenz und ermöglicht das Erkennen von Potenzialen. Aufgabe der Segmentierung ist die Bildung von Faktorengruppen mit einer weitgehend homogenen Problemlandschaft, weitgehend homogenen Leistungsvorstellungen. Und: Auflösung heterogener Strukturen, d.h. Zerlegung des Standort-Portfolios in homogene Teilgruppen, Analyse von Segmentierungsmerkmalen zur Beschreibung des strategischen Handlungsspielraums.

Greifen Standortverantwortliche und Akteure dabei auch auf Fremdeinschätzungen zurück, so werden sie quasi automatisch dazu gezwungen sich nicht ständig nur von innen, sondern verstärkt durch die Brille des Marktes (potentiellen Ansiedlern) zu sehen. Die standortverantwortlichen Entscheidungsträger erhalten Maßstäbe und Kennzahlen, die ihnen Hinweise geben, was intern zu machen ist, um den Erwartungen des Marktes zu genügen. Dadurch wird ermöglicht, Hinweise auf eine Positionierung zu anderen zu erhalten und den Eindruck des "Was machen die anderen?" als Ausgangspunkt für das kritische Hinterfragen der eigenen Aktivitäten heranzuziehen. . Jeder einzelnen Bewertung sollte ein möglichst ausführlicher Fragenkatalog vorangestellt werden, mit dem für jeden der Standortfaktoren quasi eine Bewertungs-Checkliste erstellt wird. Wenn also in dem System der Vermessung der Standorte diese Stufe der an jeden einzelnen Faktor zu formulierenden Fragen eingebaut wird, wird damit auch eine zwangsläufige Auseinandersetzung mit den Faktoren des Standortes in Gang gesetzt.

Es kommt nicht immer nur unbedingt auf die absolute Höhe von Bewertungen an. Wichtig ist vielmehr, dass die Werte in der richtige Relation zueinander vergeben werden. Wenn alle Werte immer nur im Höchstbereich liegen wäre dies eher ein Hinweis darauf, dass insgesamt zu hoch bewertet worden ist. Nur 100%-Bewertungen würden schlichtweg bedeuten, dass der Standort keine weiteren Potenziale mehr auszuschöpfen hat und man sich deshalb der Passivität hingeben könnte. D.h. es wäre ein kaum realistisches Bild das einer Überprüfung standhalten würde.

Werte über 100 % oder 10 Punkte könnten auf eine Übererfüllung hindeuten. Hier sollte man hinterfragen, ob Möglichkeiten bestehen, Potenziale auch an anderer Stelle nutzen zu können. Beispielsweise bestehen zwischen Stadtentwicklung und räumlicher Mobilität komplexe Wechselbeziehungen: die Stadtentwicklung schafft Rahmenbedingungen für die Mobilität. Räumliche Mobilität ihrerseits verändert im Gegenzug wiederum die Stadt. Standortentscheidungen (sowohl der Haushalte als auch der Unternehmen) stehen in dynamischen Wirkungsbeziehungen zu Entwicklungen von räumlichen Strukturen. Wichtige Bezugspunkte im Raum bestimmen wesentlich das Handlungsfeld für Standortentscheidungen.

Die Alltagsmobilität unterliegt tiefgreifenden gesellschaftlichen Veränderungen. Es geht um unterschiedliche Entwicklungen u.a. bei Regionalisierungs- und Reurbanisierungs-prozessen. Kein Standort ist für sich alleine eine Insel oder unabhängig von dem, was um ihn herum geschieht. Zwischen Innen- und Außenwelt eines Standortes wirkt vielmehr eine kaum über- und durchschaubare Anzahl von gegenseitigen Beziehungen. Indikatoren sind somit auch keine isolierten Schalt-, Meß- und Regelkreise. Jeder Standort in Deutschland, ob groß oder klein, ob zentral oder ablegen ist somit auf vielfältige Weise immer eng auch mit dem Standort Deutschland als Ganzes verknüpft. Besonders deutlich wird dies bei der Auslagerung von Betriebsteilen oder Neuansiedlung von Unternehmenseinheiten. Immer steht zuerst grundsätzlich der Standort Deutschland als Gesamtheit im Focus der Entscheidungen. Gibt es dabei so etwas wie einen „BIP-Fetischismus"? Ist das BIP wirklich das Maß aller Dinge? Ist das BIP der optimale Index zur Messung von Wachstum und Wohlstand? Lässt sich das Wohlergehen der Menschen auf andere Weise nicht vielleicht besser und differenzierter messen? Wenn das BIP den Wert aller in einem Jahr in einer Volkswirtschaft produzierten Waren und Dienstleistungen abbildet: wie wird hierbei die Schattenwirtschaft berücksichtigt, die teilweise bis zu einem Fünftel der Wertschöpfung ausmacht? Oder: wie können unerwünschte Nebenwirkungen der BIP-Messung ausgeschaltet werden?

Gefordert wird daher auch eine Nachhaltigkeitsrechnung, in der nicht nur Brutto-, sondern auch Nettowerte aufgeführt werden. Neue, zusätzliche Sozialindikatoren können daher ein differenzierteres Abbild der Gesellschaft liefern. Deutschland gibt beispielsweise mehr als fünf Prozent seines BIP für die Bildung aus. Nach Untersuchungen der OECD ist in Deutschland der staatliche Nutzen von Bildungsinvestitionen besonders hoch: Ausgaben von ca. 40.000 US-Dollar stehe jeweils ein Nutzen von ca. 170.000 US-Dollar gegenüber. Der kernige Marketingsatz des „Change Knowledge into Cash" findet hier seine Berechtigung. Insbesondere im Bereich hochqualifizierter Fachkräfte folgt der Stellenmarkt seinen eigenen Regeln, für die vermehrt Kreativität, Professionalität und stellen- bzw. unternehmensspezifische Bewertungsstrategien gefordert sind. Eine Standortbilanz kann hierbei als breite Kommunikationsplattform für persönliche Entwicklungsmaßnahmen eingesetzt werden: nichts wirkt so überzeugend wie eine Anschaulichkeit, wie sie in

Form von Portfolio-, Ampeldiagramm- und Wirkungsnetz-Darstellungen geboten wird. *Demographic Change Data*: umfassen neben Angaben zur Entwicklung der Regionen auch Prognosen zur durchschnittlichen Alterung der Bevölkerung und zu ihrem Wachstum oder ihrer Abnahme bis 2030, Und: für die am stärksten wachsenden Regionen wird mit einer Zunahme bis zu 50 % gerechnet. Auf der anderen Seite wird für mache Regionen ein Rückgang um bis zu 36 % erwartet. Die Extremwerte beider Seiten können sogar in eng benachbarten Regionen auftreten, d.h. während der eine Standort mit Alterung zu kämpfen hat, verjüngt sich ein Standort in direkter Nachbarschaft.

Auf Basis des demografischen Datenmaterials haben die Demografen Einschätzungen entwickelt, wie sich die Standortfaktoren „Humankapital", „Arbeitskräfteangebot", Arbeitsproduktivität" und „Forschung und Entwicklung" entwickeln werden. Man nimmt an, „dass die Wiege der Menschheit in Afrika lag und dann einzelne Stämme etwa vor 70.000 bis 90.000 Jahren aus Afrika in andere Erdteile, nach Europa und Asien, wanderten.....in Afrika hat sich wegen der sehr viel längere Besiedlungsgeschichte eine größere genetische Vielfalt der Gesellschaften herausgebildet. Diese „Diversität" ist für Wirtschaftswissenschaften ein Ansatzpunkt um herauszufinden, warum einige Länder so reich geworden sind und andere arm geblieben sind. Nach dieser Meinung könne mehr „Diversität" sowohl Vor- als auch Nachteile haben: „zum einen wirken unterschiedliche Fähigkeiten und Talente befruchtend und stoßen Innovationen an, doch zu große Heterogenität der Gesellschaft kann auch die Zusammenarbeit erschweren und zu Konflikten bis zum Zusammenbruch führen. Die nordamerikanische Gesellschaft und die europäischen Völker hätten für die heutige Zeit ein optimales Niveau an Diversität. Dies habe ihre Wirtschaftsentwicklung gestärkt.

Ein an der sichtbaren Oberfläche ruhiges System lässt keineswegs immer den Schluss zu, dass sich im Innern ebenfalls nicht verändert. Aussichtsreich ist es, möglichst breitgefächert an die Analyse heranzugehen und ein nach den jeweiligen Schwerpunktkriterien ausgewähltes Bündel von Einflussfaktoren gleichzeitig zu manipulieren, um dabei Antworten auf dieses mehrdimensionale Eingriffsmuster zu beziehen. Monokausale Beziehungen sind in dynamischen Wirkungsnetzen ohnehin eher die Ausnahme. Auch können auf diesem Weg wesentliche Verbindungen zwischen ganzen Variablengruppen herausgearbeitet werden, über die eine Steuerung des Gesamtsystems möglich ist. Diese Methode wird mit der Entwicklung einer Standortbilanz gezielt verfolgt. Man erhält dadurch auch ein Gefühlt der Handlungsmacht, das zur Aufrechterhaltung aktiven Agieren notwendig ist. Ansonsten besteht die Gefahr, dass man sich ausgerechnet bei dramatischen Veränderungen ganzer Systembereiche zu sehr auf Einzelpositionen bezieht. Der ohnehin meistens nicht sehr ausgeprägte Blick auf das Zusammenwirken aller Einflussfaktoren würde sich noch weiter verengen.

Im Falle von undurchsichtigen Zusammenhängen muss man oft von den unterschiedlichsten Erfahrungshorizonten der Akteure ausgehen. Besonders wenn sich Entscheider in hierarchischen Positionen befinden, in denen sie (zumindest bis zu einem gewissen Grade) Dinge nach ihren eigenen Vorstellungen gestalten können. Es herrscht zwar an der Oberfläche betriebsame Hektik, doch wirksam gehandelt wird in undurchsichtigen Situationen eher weniger. Hinter dem Schleier von Aktionismus verbirgt sich oft akuter Handlungsmangel. Mit einem Satz: man braucht eine transparente und nachvollziehbare Kommunikationsplattform, mit denen auch (oder gerade) in Situationen hoher Unsicherheit und Komplexität sinnvolle Richtlinien für verantwortungsbewusstes Handeln festgemacht werden können.

Themen-Leitfaden

Begebenheiten, die heute noch unverrückbar scheinen mögen, könnten bereits schon morgen in einem völlig anderen Licht erscheinen. Für die angemessene Darstellung von Analysen und Ergebnissen der Standortbeobachtung braucht es geeignete Instrumente

Alles was Menschen tun, kann von Menschen evaluiert, also auch gemessen werden! Wer Transparenz scheut, hat meist nur geringes Vertrauen in sein Intellektuelles Kapital - Standortindikatoren untermauern gegebenenfalls bereits vorgenommene qualitative Bewertungen und machen auch Selbstbewertungen für Externe überprüfbarer

Ein günstiges Bild im Standort-Wettbewerb lässt sich eher durch offensive Präsentation und offene Gegenüberstellung aller verfügbaren Indikatoren erreichen - strategische Räume und Erfolgsfaktoren mit Hebelwirkung erkennen

Eine Verknüpfungs-Matrix ermöglicht in unübersichtlichen Analysefeldern, sich systematisch mit den zwischen Standortfaktoren bestehenden Verbindungen auseinanderzusetzen, die Wirkungen hinsichtlich ihrer Stärke und Dauer genauer zu analysieren und in graphische Netzformen umzusetzen

Verfahren. die ein hohes Maß an methodischer Unsicherheit beseitigen und bereits durch die Konzipierung und Systematisierung einen hohen Bedarf an Standard setzenden Initiativen erfüllen - Komplexität mit Komplexität verarbeiten

Wechselseitige Abhängigkeiten von Einflussfaktoren eines Standortes – Standortcluster collaborativer Geschäftsprozesse nach dem Konzept der „zero latency enterprise" - vernetzte Unternehmen kombinieren im Sinne einer „Extended Company" die Beweglichkeit und Effizienz von Kleinbetrieben mit den Synergien (economies of scale) großer Unternehmen

Potentialmethodik mit Handlungsempfehlungen für die planende Verwaltung - keiner der Standortfaktoren ist für sich alleine eine Insellösung, sondern kann eine volle Außenwirkung erst im Zusammenspiel mit allen übrigen Faktoren des Standortes entfalten

Wer in einem dynamischen Umfeld standortinterne und -externe Informationen schneller generieren und sie für strategische und operative Entscheidungen und Prozesse nutzen kann, kann hieraus am sichersten Wettbewerbsvorteile schöpfen

Unterschiedslinie zwischen Innen- und Außenansichten eines Standortes - wenn das einzig Beständige der Wandel ist, so stehen dynamische Gebilde wie Standorte mittendrin - die Beherrschung des Wandels gehört zum Tagesgeschäft der Kommunalverwaltung im Allgemeinen sowie der Wirtschaftsförderung im Besonderen

Aufbereitung von Indikatoren und Bewertungs-Checklisten auf verschiedenen Ebenen der Standortvermessung einbauen - die Standortökonomie kann gleichzeitig als Moderator und Impulsgeber fungieren und für mehr Transparenz und Nachvollziehbarkeit in komplizierten Debatten und Entscheidungsprozessen sorgen

Im Strukturwandel der Standorte wächst mit der Mobilität die Kommunikationsintensität - potentielle Investoren haben das größte Interesse daran sowohl die Visionen und Ziele als auch ggf. anzutreffende Standortfaktoren einschließlich aller Erfolgsindikatoren zu verstehen

Eine der großen Industrienationen wie Deutschland lässt sich nur schwer oder überhaupt nicht anhand einer doch immer begrenzten Zahl von Indikatoren abbilden - es können daher nur Teilaspekte oder Momentaufnahmen sein, auf die man sich für eine Standortanalyse konzentrieren kann

Mit der Bewertung des „Unbewertbaren" für Standortentscheidungen größtmögliche Transparenz schaffen - durch das Hinterfragen komplexer Prozesse wird die Basis für zukünftige Verbesserungsmöglichkeiten gelegt

Auswirkungen des demographischen Wandels auf Standortbedingungen - Demographic Change Data und Demographic Location Risk – Flüchtlinge und Migranten setzen Standorte und Stadtplanung unter Spannung

Geschäftsklima-, Konsumklima-, Konjunktur-, Immobilien- und Metindikatoren

Umgang mit undurchsichtigen Zusammenhängen am Beispiel von Umwelt- und Energieeffizienzindikatoren - gezielte Analyse des Zusammenwirkens von Standortindikatoren und Handlungsempfehlungen mit einer hierfür geeigneten Tool-Box unterstützen

Begebenheiten, die heute noch unverrückbar scheinen mögen, könnten bereits schon morgen in einem völlig anderen Licht erscheinen. Für die angemessene Darstellung von Analysen und Ergebnissen der Standortbeobachtung braucht es geeignete Instrumente

Anforderungsbestimmte Standortanalyse oder ist ein Standort messbar? Was ist und macht ein Standortbeobachter? Wenn der Standortwettbewerb immer weniger über Faktoren wie Gewerbesteuern bestritten werden kann, muss nach anderen, tiefer liegenden, bisher noch ungenutzten Faktoren gesucht werden. Das Geschäftsumfeld wird dem Standort mit seinen Akteuren immer mehr eine positive Grundhaltung auch zu aufwendigen Analysen abverlangen. Es wird sich dann schnell herausstellen, wer Probleme lösen kann und wer nicht. Schwierigkeiten ergeben sich dadurch, wenn es darum geht etwas zu bewerten, das man nicht mit dem Millimetermaß des Kämmerers angehen kann. Nicht alles was gemessen wird, muss deshalb auch von Bedeutung sein; nicht alles was wichtig ist, muss deshalb auch zu messen sein. Die wichtige Frage lautet somit: ist ein Standort überhaupt messbar? Die Antwort ist: Ja, denn auch Bewertungen hierzu sind fassbare, erfragbare Realitäten. Wer Transparenz scheut, hat meist nur geringes Vertrauen in sein eigenes Beurteilungsvermögen und hat in einer immer mehr wissensorientierten Wirtschaftswelt immer weniger Chancen. Was also liegt näher, als sich aus einem reichhaltig bestückten Indikator-Cockpit zu bedienen, um hieraus eine Grundlage für nachhaltig tragfähige und vielseitig einsetzbare Standortanalysen zu erarbeiten. Ein Potential-Bild macht deutlich, wie der Standort in seinem Inneren mit allen seinen mehr oder weniger versteckten Wirkungsbeziehungen funktioniert, gemeinsame Zielsetzungen können damit besser aufeinander abgestimmt werden.

Zur Darstellung von Analysen und Ergebnissen braucht es geeignete Instrumente: ein Beobachterstatus setzt voraus, dass man in der Lage ist, sich mittels eigener Anschauungen direkt ein Bild vom Standortgeschehen zu machen. Standortbeobachtung beschränkt sich nicht auf einen bestimmten Stichtag, d.h. sollte mehr als nur Moment- oder Status-Aufnahme sein. Es geht um eine eher zeitraumbezogene Betrachtung. Da Standorte einem ständigen und immer dynamischer ablaufenden Wandlungsprozess folgen, begleitet der Standortbeobachter diesen auf einer bestimmten Strecke des hierbei zurückgelegten Weges. Ohne genau fixierten Startpunkt im Sinne einer auf den Stichtag bezogenen Eröffnungsbilanz. Und mit offenem Ausgang. Begebenheiten, die heute noch unverrückbar scheinen mögen, könnten bereits schon morgen in einem völlig anderen Licht erscheinen. Für die angemessene Darstellung von Analysen und Ergebnissen der Standortbeobachtung braucht es geeignete Instrumente. Insofern ist jede Standortbeobachtung immer auch eine Fortsetzungsgeschichte mit offenem Ausgang. Wichtige Informationen und Erkenntnisse können dadurch gewonnen werden, dass man nicht nur Beobachtung an Beobachtung zusammenhanglos aneinanderreiht, sondern auf der Zeitachse vor allem relevante Änderungen hinsichtlich ihrer Stärke und Ursache in Augenschein nimmt. Relationen zwischen einzelnen Standortfaktoren können oft mehr aussagen als ihre absoluten Werte.

Dreifach-Dimension der Intangibles: die Standortökonomie befasst sich vor allem mit der Bewertung und Messung immaterieller Sachverhalte, also allen „Intangibles" einer ganzen regional abgegrenzten Einheit. Obwohl dabei versucht wird, größtmögliche Transparenz und (auch quantitative) Nachvollziehbarkeit durch Annäherung an finanzübliche Sichtweisen herzustellen, kommt es nicht so sehr auf die absolute Höhe oder Richtigkeit der Bewertungszahlen an. Für den überwiegenden Teil der Standortfaktoren sind ohnehin keine Käufe oder Verkäufe möglich: es existiert kein Markt für Standortfaktoren, auf dem sich ein in Euro und Cent ausdrückbarer Marktpreis darstellen ließe. Wirtschaftsförderer und Standortentscheider können mehr Informationsgewinn eher aus der richtigen Relation und Korrelation zwischen den jeweils identifizierten Standortfaktoren untereinander gewinnen. Jeder der zuvor identifizierten und beschriebenen Standortfaktoren kann für sich nach den Dimensionen Quantität (Qn), Qualität (Ql) und Systematik (Sy) bewertet werden. Hierbei ist im Rahmen der Standortökonomie die Selbstbewertung ein Schlüsselprozess, der eine Plattform für die Diskussion und Erarbeitung von Themen liefert, mit denen die Wirtschaftsförderung konfrontiert wird und sichert die Mitwirkung und das Engagement von Schlüsselpersonen.

Damit ist die Selbstbewertung auch ein leistungsfähiger Mechanismus zur Einführung und Unterstützung von Verbesserungsmaßnahmen. Als Vorteile im Detail bietet das Instrument der Selbstbewertung u.a. einen gründlichen, strukturierten Ansatz für Verbesserungsaktivitäten, eine Bewertung auf Grundlage von Fakten statt individueller Wahrnehmungen, ein Instrument zur Festlegung eines Orientierungsrahmens und zur Konsensfindung hinsichtlich notwendiger Maßnahmen, ein leistungsfähiges Diagnoseinstrument, eine objektive Bewertung anhand von praxisbewährten Kriterien, ein Mittel zur Messung der im Zeitablauf erzielten Fortschritte, ein Instrument das die Verbesserungsaktivitäten auf diejenigen Bereiche konzentriert in denen sie am nötigsten sind, eine Methode die sich auf allen Ebenen anwenden lässt von einzelnen Bereichen bis hin zum Gesamtstandort und eine Chance zur Förderung und zum Austausch erfolgreicher Methoden.

Hierbei sind Indikatorsysteme Mittel-Zweck-Beziehungen, die aus dem Planungssystem des Standortes abzuleiten sind. Das wichtigste Element des Indikators aber bleibt sein Informationscharakter, um auch komplizierte Tatbestände in konzentrierter Form quantifizieren zu können. Die rechnerische Indikatorzerlegung wird erst dann fruchtbringend, wenn sie zu Indikatorbündeln führt, die standortrelevante Informationen sinnvoll ordnen. Indikatorbündel haben die Aufgabe, die Spitzenkennzahlen des Systems analytisch bezüglich der sie dimensionierenden Einflussgrößen zu erklären. Der qualifizierte Indikatorvergleich wird gesichert durch die Indikatornormung über logische und standortbezogen sinnvolle Indikatorformen sowie durch die eindeutige Definition der Indikatorbestandteile. Zum Wesen eines

Indikatorsystems gehört daher die Beantwortung der Fragen nach Verhältnismäßigkeit (durch Indikatorvergleich) und Ursächlichkeit (durch Indikatorzerlegung). Planwerte sind keine Zielwerte, d.h. sie dienen in erster Linie als Messpunkte zur Beurteilung der Entwicklungsrichtung des Standortes: sie sind Meilensteine und Kontrollpunkte auf dem Weg zur Zielerreichung. In diesem Sinne sollten Planwerte ausreichend genau definiert sein, dem jeweils erwarteten Verlauf entsprechen, auf dem aktuellen Stand sein und im Praxisalltag tatsächlich verwendet werden.

Indikatoren und was sie aussagen: die Bildung und Auswertung von Indikatoren setzt zunächst voraus, dass man sich der Grenzen ihrer Aussagefähigkeit bewusst ist. So darf nicht übersehen werden, dass Indikatoren in ihrer mathematischen Formalisierung oft statisch sind und die Dynamik ablaufender Standortprozesse nicht immer genau zeitnah abbilden. Nicht aus dem Auge verloren werden sollte, dass vergangenheitsbezogene Kennzahlen nur bedingte Aussagen über die Gegenwart und noch weniger Aussagen über die Zukunft zulassen, statische Kennzahlen nur stichtagsbezogene Situationen widerspiegeln und damit nicht Bewegungsabläufe über Zeiträume erfassen können, Indikatoren somit nicht isoliert interpretiert werden dürfen, sondern sich immer einer bestimmten Systematik zuordnen lassen müssen. *Struktur- oder Gliederungskennzahlen* sagen etwas über das Verhältnis von Teilen zum Ganzen aus. Beziehungszahlen sagen etwas über die Relation unterschiedlicher Größen zueinander aus. Indexzahlen sagen etwas über die Veränderung einer Größe zu verschiedenen Zeitpunkten gegenüber einer bestimmten Basiszahl aus. *Struktur- und Beziehungskennzahlen* können sowohl statisch als auch dynamisch ermittelt werden. Bei der Beziehung zwischen einer statischen und einer dynamischen Größe muss die statische Größe als Mittelwert des Zeitraumes berechnet werden, für den die dynamische Größe gilt.

Wenn bei der Bildung von Indikatoren mögliche Fehlerquellen nicht beseitigt werden, kann ihre Anwendung u.U. zu Fehlentscheidungen führen. Besonders bei den als Quotient errechneten relativen Kennzahlen können sich Schwierigkeiten bei der Interpretation von Veränderungen ergeben, da die Ungewissheit darüber besteht, ob der Zähler, der Nenner oder evtl. auch beide die Veränderung bewirkt haben. Mit dem vorrangigen Blick auf die Schärfung des Standortprofils stehen die Akteure vor einer komplexen Aufgabe, die nur mit Hilfe einer ausformulierten, professionellen Strategie und klaren operativen Handlungsrichtlinien zu bewältigen ist. Die Krux liegt darin, dass zwar oft Zielvorstellungen bestehen und vorgegeben werden, dazu aber keine entsprechende Zielevaluation implementiert wird. In diesem Fall würde der Standort ohne Kompass oder geeignete Feedback-Instrumente losziehen und daher auch nicht wissen, wie viel des Weges bereits zurückgelegt wurde und wo genau man nun eigentlich steht. Die Einflussfaktoren werden deshalb mit Indikatoren belegt. D.h. die Einflussfaktoren werden mit unabhängigen Zahlen/Fakten beschrieben, um ihre Aussagekraft noch zu erhöhen. Anhand der Indikatoren können auch Externe nachvollziehen, nach welchen Kriterien die einzelnen Kapitalarten des Standortes bewertet wurden. Mit Hilfe der Indikatoren bleibt die Bewertungsgrundlage über Jahre hinweg transparent und kann mit aktuellen Auswertungen verglichen werden.

Alles was Menschen tun, kann von Menschen evaluiert, also auch gemessen werden! Wer Transparenz scheut, hat meist nur geringes Vertrauen in sein Intellektuelles Kapital – Standortindikatoren untermauern gegebenenfalls bereits vorgenommene qualitative Bewertungen und machen auch Selbstbewertungen für Externe überprüfbarer

Die Standortfrage stellt sich an jedem Punkt der Wertschöpfungskette: unter dem Einfluss der Globalisierung geraten Standorte unter einen immer stärkeren Konkurrenzdruck um die Gunst von Unternehmen, die Arbeitsplätze schaffen und an dem Standort investieren sollen. Überall dort, wo keine Arbeitsplätze geboten werden und soziale Standards nicht mehr gehalten werden können, kommt es auf lange Sicht auch zu Abwanderungen der Bevölkerung. Erschwerend kommt hinzu, dass viele den Erfolg eines Standortes bestimmende Faktoren (z.B. Steuersätze, Zuschüsse übergeordneter Regionaleinheiten) von diesem nicht oder nur zu einem geringen Teil selbst direkt beeinflussbar sind. Umso mehr müssen alle Anstrengungen unternommen werden, um alle gestaltbaren Handlungsspielräume und -potenziale auszuschöpfen. In Zeiten globaler Waren-, Finanz- und Arbeitsmärkte stehen auch große Teile der Welt für Direktinvestitionen offen, d.h. für Unternehmen stellt sich die Standortfrage an jedem Punkt der Wertschöpfungskette. Die Standortfrage wird für Unternehmen immer mehr zur Schicksalsfrage: stimmt ihr Standort nicht, so kann dies aufgrund des dort fehlerhaft gebundenen Kapitals unter Umständen sogar ihre Existenz bedrohen (und dies naturgemäß auch mit allen negativen Konsequenzen und Auswirkungen für den betreffenden Standort selbst).

Checkliste Indikatoren: welche Kennzahlen sind zur Beschreibung einzelner Einflussfaktoren und ihrer 3 Bewertungsdimensionen (Quantität, Qualität, Systematik) geeignet? Welche Kennzahlen wurden bereits genutzt? Welche Berechnungsvorschrift gilt? Wie werden Indikatoren erhoben, aus welchen Datenquellen stammen sie? Wie sind Indikatoren zu interpretieren (wann ist ein Wert gut, wann schlecht)? Welche Werte haben Indikatoren? Liegen bereits Zeitreihen vor? Jeder Standort muss für sich individuell diejenigen Indikatoren finden und bestimmen, die ihm für die Steuerung und Messung von Geschäftsprozessen als am besten geeignet erscheinen. Dies hängt nicht zuletzt davon ab, welche Einflussfaktoren (d.h. Prozess-, Erfolgs-, Human, Struktur- und Beziehungsfaktoren) zuvor als Ausgangsbasis und Grundlage definiert wurden sowie welche Maßnahmenpotenziale hierauf aufbauend und sich beziehend ebenfalls zuvor identifiziert wurden. Es dürfte naheliegend und sinnvoll sein, die bereits eingesetzten Indikatoren zu nutzen. Gegebenenfalls hier neu entwickelte Indikatoren sollten mit dem bereits vorhandenen Kennzahlensystem integriert und abstimmfähig gemacht werden. Alles was Menschen tun, kann von Menschen evaluiert, also auch gemessen werden! Wer Transparenz scheut, hat meist nur geringes Vertrauen in sein Intellektuelles Kapital und hat in einer immer mehr wissensorientierten Wirtschaftswelt immer weniger Chancen. Die Indikator-Zahlen untermauern gegebenenfalls bereits vorgenommene qualitative Bewertungen und machen auch Selbstbewertungen für Externe überprüfbarer.

Um für die Erreichung der gesteckten Ziele ein laufendes Monitoring durchführen zu können, sollten Indikatoren in strategische und operative Planungsprozesse des Standortes integriert werden. Indikatoren liefern Hinweise, mit welchen Indikatoren die angestrebten Veränderungen am besten gemessen und überwacht werden können, welche Soll-Werte anzunehmen sind, um die vorgegebenen Ziele zu erreichen. Im Vorfeld einer Standortanalyse sind u.a. folgende Fragen zu klären: welche Chancen und Risiken beeinflussen das Geschehen am Standort? Welche aktuellen Entwicklungen im Geschäftsumfeld (z.B. neue Wettbewerber, neue Technologien, neue Gesetze) gibt es? Wie sieht der Markt für potentielle, zukünftige Investoren, Arbeitskräfte aus? Wie ist die Wettbewerbssituation im Vergleich mit anderen Standorten? Welche Chancen gibt es, um sich am Markt zu verbessern? Welche Risiken liegen im Geschäftsumfeld, die den Standort negativ beeinflussen können? Wie sind die technologischen Rahmenbedingungen? Gibt es politische Rahmenbedingungen, die beachtet werden müssen? Wie sieht das soziale Umfeld am Standort aus? Wie ist die aktuelle Konjunkturlage? Mit der Beschreibung des Geschäftsumfeldes wird der Blick über Standortgrenzen hinaus gelenkt. Was dort vorgeht, beeinflusst die Entwicklungsmöglichkeiten/-chancen des eigenen Standortes mindestens ebenso stark wie alles, was innerhalb der Standortgrenzen selbst geschieht. Anschauliches Beispiel dafür, dass der "6er im Lotto = Gewinn einer Ansiedlung" selten direkt vor der eigenen Haustür zu finden sein dürfte. Eine der Hauptursachen, warum komplizierte, da an vielen Stellen miteinander vernetzte Sachverhalte des Standortes bislang so wenig sicht- und greifbar gemacht wurde, liegt in der komplizierten Bewertung und Messung immaterieller sogenannter „weicher" Faktoren begründet. Es geht darum, anhand von immateriellen Faktoren eine Marktposition zu erobern. Die richtige Positionierung basiert nicht ausschließlich auf materiellen oder immateriellen Standorteigenschaften, sondern auch auf der Zielrichtung, d.h. dem Finden der richtigen Zielgruppe. Wenn die Wirtschaftsförderung Bemühungen auf bestimmte Segmente konzentriert, ist es leichter, spezifische Anforderungen von Investoren zu verstehen und sich hierauf einzustellen. Dies erhöht die Erfolgsaussichten. Insbesondere fehlt vielfach noch ein in sich schlüssiges Konzept bzw. Instrument, mit dem sich alle Einzelkomponenten des Standortkapitals vollständig und mit einheitlicher Systematik abbilden lassen.

Jeder Standort ist anders und weist ganz spezifische Bedingungen auf, die u.a. von klimatischen, geographischen, politischen und sozio-ökonomischen Bedingungen bestimmt werden. Auf der anderen Seite stellt jedes Unternehmen andere Anforderungen, abhängig u.a. von seinem Zielsystem, Leistungsprofil, Beschaffungs- und Absatzmärkten oder dem jeweiligen Investitionsmotiv, an einen geeigneten Standort. Um sich als geeigneter Standort zum empfehlen (angebotsorientierte Sichtweise) sollte sich der Standort bereits vorab nicht nur auf typische Verfahren der Standortsuche, sondern so weit als möglich auch auf typischerweise zu erwartende spezifische Anforderungen einstellen. So werden tendenziell an einen Standort u.a. Anforderungen zu folgenden Faktoren gestellt: Arbeitskostenbelastung, nominale Lohnstückkosten, Zukunftschancen, Wachstumschancen Geburtenrate, Arbeitskräfte, Potenzial qualifizierter Arbeitskräfte, Anlernkräftepotenzial, Pendlerquote/Einzugsgebiet, Nähe zur Forschung und Entwicklung, Nähe zu Universitäten, Beschäftigte im technisch- wissenschaftlichen Bereich, Schulen, Berufsschulen, verfügbare Industrie- und Büroflächen, erfügbarer Wohnraum, Mietniveau, Steuern, Unternehmenssteuern, Tarife, Abgaben, Verkehr, Autobahn, Flughafen, Fernstraßenanbindung, öffentlicher Nahverkehr, städtische Verkehrsführung, regionale Attraktivität, Kriminalität, Aufwand und Dauer von Bewilligungsverfahren, Förderprogramme, Wirtschaftsförderung, Beratungs- und Informationseinrichtungen.

Welcher Bereich des Standortes soll bilanziert werden? Als Grundlage für die Festlegung des Bilanzierungsbereiches sollte zunächst die Ausgangssituation des Standortes definiert und beschrieben werden. Damit wird ein Fixpunkt für die fundierte Entwicklung von Zielen, Aktionen und Maßnahmen geschaffen. Es wird der Grundstock für eine möglichst breite Daten- und Informationsbasis gelegt. Ausgangsfrage: Soll der Standort als Ganzes oder nur in einzelnen Bereichen oder Prozessen betrachtet werden? Das Standort-Geschäftsmodell wird mit Hilfe von Bilanzierungsbereich, Geschäftsumfeld, Vision, Strategie, Geschäftsprozessen (GP) und Geschäftserfolgen (GE) beschrieben. Voraussetzung für Standortentscheidungen, die für alle Beteiligten, d.h. sowohl für den nachfragenden Investor als auch für den sich anbietenden Standort, zu einem guten und nachhaltig wirtschaftlichen Ergebnis führen ist, dass ein Standortprofil möglichst genau auch das individuelle Anforderungsprofil des Unternehmens abdecken kann. Alle Faktoren des Standortes müssen daher so vollständig und umfassend wie möglich/nötig identifiziert, erfasst, bewertet, quantitativ gemessen und bilanziert werden (Anmerkung: bei Analyse von 25 Standortfaktoren, von denen jeder mit jedem zusammenhängt, gäbe es rein rechnerisch betrachtet n !, d.h. 25 Fakultät = 1*2*3.........*25 Kombinationsmöglichkeiten, Analysesituationen). Es dürfte daher schon allein aus diesem einfachen Grund schnell an Grenzen stoßen, derart komplex zusammenhängende Wirkungsbeziehungen allein verbal oder mit Fotos bewältigen zu wollen.

Als alles entscheidende Frage steht daher im Raum: wie, wem und mit welchen Instrumenten gelingt es, das kreative Potenzial, immaterielle Vermögen/Kapital des Standortes (quantitativ nachprüfbar, mit allen Wirkungsbeziehungen) offen darzulegen? Nicht zuletzt wird auch der Umfang der hier vorgestellten Verfahren davon abhängen, ob sich ihr Bilanzierungsbereich auf eine Kommune, einen Kreis oder eine ganze Region erstreckt. Denkbar wäre auch, gemarkungsübergreifende kommunale Kooperationen in einer eigens dafür zusammen gefassten Standortbilanz darzustellen. Ein weiterer Ansatz für die Festlegung des Bilanzierungsbereiches könnte sein, eine Standortbilanz auf einen besonders wichtigen Cluster als Multiplikatorenzentrale auszurichten, wie beispielsweise nur für die Kreativwirtschaft, den Informationstechnologie-Sektor oder die High-Tech- Wirtschaft. Die Auswahl der Standortfaktoren für den Aufbau einer Standortbilanz-Struktur dürfte ebenfalls je nach festgelegtem Bilanzierungsbereich unterschiedlich ausfallen.

Nutzung von Multiplikatoren, Kooperationsmöglichkeiten: im globalen Wettbewerb verlieren nicht nur die Grenzen zwischen Ländern, sondern auch zwischen Branchen und Unternehmen an Bedeutung. Der Geschäftserfolg hängt vielmehr von den Rahmenbedingungen eines lokalen Standortes ab. Trotz sich weiter entwickelnder Informations- und Kommunikationsmedien wie dem Internet, werden auch persönliche Kontakte weiterhin eine wichtige Rolle spielen. Ein erster zentraler Anlaufpunkt ist vielen Fälle das Internet, in dem die Kommune somit auch sämtliche Informationen per Übersicht gebündelt anbieten muss. Die Internetpräsenz des Standortes sollte sich nicht auf kommunale Verwaltungsunterstützung (eGovernment) beschränken, sondern kann als virtuelles Rathaus sämtliche Ausprägungen der Kommunikationsbeziehungen integrieren. Den Überblick behält vor allem der, der allen diesen Sachverhalten eine nachvollziehbare Struktur geben kann. Wie in einer Unternehmensbilanz über die darin angeführten Bilanzpositionen Inhalte und Regeln des Wirtschaftsgeschehens definiert werden können, so kann auch mit Hilfe von Standortfaktoren analog ein festes Gerüst für das Standortgeschehen zusammengefügt werden. Dies wäre dann eine Standortbilanz, mit der auch viele der wichtigen und oft entscheidenden Non-Financial-Faktoren berücksichtigt werden könnten. Es wird angenommen, dass bereits grundsätzliche Überlegungen angestellt wurden, auf welchen Grundpfeilern nach allgemeiner Meinung der Standort ruht. Diese wären dann die immer unter der Rubrik Standortfaktor (= Bilanzposition) diskutierten Sachverhalte. Standorte sind aber nicht nur sehr komplex (oft auch kompliziert) sondern jeder ist für sich gesehen auch ein sehr individuelles Gebilde. Daraus folgt, dass jeder Standort auch sein eigenes System der Standortfaktoren (=Bilanzpositionen) entwickeln sollte. Auf dieser Basis kommt die Systematik einer Standortbilanz ins Spiel: diese gliedert die zunächst ungeordnet nebeneinander stehenden Standortfaktoren in eine bestimmte Standard-Struktur, nämlich immer einheitlich in die Cluster Standort-Prozessfaktoren, Standort- Erfolgsfaktoren, Standort-Humanfaktoren, Standort-Strukturfaktoren und Standort-Beziehungsfaktoren.

Zuordnung auf Einflussfaktoren und Maßnahmen: da eine Standortbilanz kein von sonstigen Prozessen losgelöstes Kennzahlensystem sein sollte, kann sie ihren vollen Nutzen auch erst dann bringen, wenn sie mit den Kernprozessen des Standortes integriert wird. D.h. alle periodisch stattfindenden Planungen sollten auch direkt in die entsprechenden Bilanzinhalte überarbeitet werden. In einem Schritt der „vertikalen Zielintegration" sollten die Ziele und strategischen Aktionen aus übergeordneten Einheiten weiter in die Standortbilanz herunter gebrochen werden. Nachdem die aus der Standortbilanz abgeleiteten Maßnahmen auf Einflussfaktoren zugeordnet wurden, können nunmehr zusätzlich auch Indikatoren auf diese Maßnahmen und ebenfalls auf Einflussfaktoren zugeordnet werden:

Ein günstiges Bild im Standort-Wettbewerb lässt sich eher durch offensive Präsentation und offene Gegenüberstellung aller verfügbaren Indikatoren erreichen - strategische Räume und Erfolgsfaktoren mit Hebelwirkung erkennen

Es geht um: eine möglichst detaillierte Erfassung der immateriellen Faktoren, Zusammenhänge erfolgskritischer Faktoren untereinander analysieren, Stärken und Schwächen analysieren, Wertschöpfungszusammenhänge transparent machen, aufzeigen, wie wichtig eine Ressource für den Standorterfolg ist, mit welchen Unwägbarkeiten, Zeithorizonten, Veränderungen bei deren Entwicklung zu rechnen ist. Durch konsequentes Identifizieren von internem und externem Wissen soll dieses besser überwach- und steuerbar gemacht werden und über die Stärkung der spezifischen Kernkompetenzen des Standortes somit in dessen Wertschöpfung einfließen. Durch Identifizierung von Interdependenzen in der eigenen Wertschöpfung wird Abteilungs- und „Silo"-Denken überwunden. Mit Hilfe einer Standortbilanz wird aufgezeigt, wie alles zusammenhängt und welche Hebel mit bestimmten Erfolgsfaktoren eingesetzt werden können. Spezifische Stärken und Entwicklungspotenziale können gezielt weiterentwickelt werden, durch mehr Transparenz über das vorhandene Wissen lässt sich der zu schließende Wissensbedarf exakter ermitteln. Zusammen mit der Kommunalverwaltung sollte entschieden werden, wofür eine Standortbilanz eingesetzt werden soll (und kann).

Für Standortakteure sind vor allem die Stärken herauszustellen und die Inhalte ggf. in den Kontext von laufenden Marketingaktivitäten zu stellen. Investoren wollen nachhaltig wirksame Indikatoren sehen. So mühsam der Entwicklungsprozess einer professionellen Standortbilanz auch sein mag: der Aufwand lohnt sich schon allein deshalb, weil alle Beteiligten neue Erkenntnisse über Zusammenhänge gewinnen und das Verständnis für Probleme anderer Funktionsbereiche wächst. Das integrierte Modell einer Standortbilanz, bestehend aus Humankapital, Strukturkapital, Beziehungskapital, Intellektuellem Kapital und Finanzkapital, schafft viel Raum für differenzierte Strategien. Hauptaufgabe der Standortverantwortlichen: hierbei die richtigen Schwerpunkte zu finden und Prioritäten zu setzen.

Zum Wesen von Kennzahlensystemen: die Bildung und Auswertung von Kennzahlen setzt zunächst voraus, dass man sich der Grenzen ihrer Aussagefähigkeit bewusst ist: so darf nicht übersehen werden, dass Kennzahlen in ihrer mathematischen Formalisierung oft statisch sind und die Dynamik ablaufender Standortprozesse nicht immer genau zeitnah abbilden. Nicht aus dem Auge verloren werden sollte, dass vergangenheitsbezogene Kennzahlen nur bedingte Aussagen über die Gegenwart und noch weniger Aussagen über die Zukunft zulassen, statische Kennzahlen nur stichtagsbezogene Situationen widerspiegeln und damit nicht Bewegungsabläufe über Zeiträume erfassen können. D.h., Kennzahlen dürfen nicht isoliert interpretiert werden, sondern müssen sich immer einer bestimmten Systematik (wie beispielsweise einem System der Standortökonomie) zuordnen lassen. Integrierte Kennzahlensysteme sind immer Mittel-Zweck-Beziehungen, die aus dem Standort-Leitbild (STEL) und -Entwicklungskonzept (STEK) abzuleiten sind: das wichtigste Element der Kennzahl aber bleibt ihr Informationscharakter, um auch komplizierte Tatbestände in konzentrierter Form quantifizieren zu können.

Die rechnerische Kennzahlenzerlegung wird erst dann fruchtbringend, wenn sie zu Kennzahlenbündeln führt, die vorhandene Informationen sinnvoll ordnen. Kennzahlenbündel haben die Aufgabe, die Spitzenkennzahl des Systems analytisch bezüglich der sie dimensionierenden Einflussgrößen zu erklären. Der qualifizierte Kennzahlenvergleich wird gesichert durch die Kennzahlennormung über logische und sinnvolle Kennzahlenformen sowie durch die eindeutige Definition der Kennzahlenbestandteile. Zum Wesen eines Kennzahlensystems gehört daher die Beantwortung der Fragen nach Verhältnismäßigkeit (durch Kennzahlenvergleich) und Ursächlichkeit (durch Kennzahlenzerlegung). Zur ergänzenden Messung werden den zuvor bewerteten Faktoren des Standortkapitals, also 1. Geschäftsprozesse, 2. Geschäftserfolge, 3. Humankapital, 4. Strukturkapital und 5. Beziehungskapital zusätzlich Indikatoren, d.h. unabhängige Zahlen und Fakten zugeordnet. Anhand der Indikatoren können auch Externe nachvollziehen, nach welchen Kriterien der Standort zuvor bewertet wurde: es geht dabei um eine für alle Beteiligten wichtige quantitative Überprüfbarkeit. Weiterhin bleibt mit der Zuhilfenahme solcher Indikatoren die Bewertungsgrundlage erhalten und kann daher immer auch mit aktuellen Auswertungen verglichen werden.

Indikatorsammlung als Grundlage: die Bewertungstabellen für Standortfaktoren sollten insbesondere für die Erfolgsmessung durch Indikatoren ergänzt werden. Standorte haben in aller Regel bereits eine Reihe von Kennziffern erarbeitet, die auch als Vermessung-Indikatoren dienen können. Von Planungsverbänden werden darüber hinaus ebenfalls regelmäßig Indikatoren erhoben. Weitere Indikatoren können über spezifische Standortstatistiken und -analysen bereitgestellt werden. Es gibt somit keinen Grund, vor möglicherweise zu kompliziert und aufwendig erscheinenden Kennziffern zurückzuschrecken. Das Vorhandene deckt meist bereits einen Großteil des für eine Vermessung der Standorte Notwendigen ab. Jeder der Standort-Faktoren sollte mit einer durchgängig einheitlichen Struktur erfasst und verarbeitet werden. Dabei gilt es u.a. das Problem zu berücksichtigen, dass die Zahlen der Indikatoren zum Zeitpunkt ihrer Veröffentlichung unter Umständen bereits veraltet sein können. Solange aber über kein besseres und aktuelleres Datenmaterial verfügt werden kann, sind die vorhandenen Vermessungs-Indikatoren aber allemal besser, als den Standort nur im Blindflug steuern zu müssen. Welcher der vielen verfügbaren und noch mehr möglichen Indikatoren letztlich in das System der Vermessung der Standorte aufgenommen wird, hängt zuerst davon ab, aus welchen Standortfaktoren die Basisstruktur aufgebaut wird. Grundsätzlich sollten Indikatoren nicht nur einmalig, sondern immer auch als Zeitreihen verfügbar sein.

Vor jedem Standort-Vergleich und Benchmark-Verfahren kommt es zwar darauf an, zunächst einmal überhaupt auf dem Radarschirm von den für einen Standort gegebenenfalls wichtigen Entscheidungsträgern und Schlüsselpersonen wahrgenommen zu werden. Ein eher passiv ausgerichteter Internet-Auftritt, und mag er noch so gut und ansprechend gestaltet sein, reicht hierfür kaum aus. Darüber hinaus sind eine Reihe weiterer Maßnahmen erforderlich, beispielsweise müssen offensiv und aktiv Kontakte geknüpft und intensiv gepflegt werden. Auch dieses gelingt umso besser, je genauer und klarer man die eigene Position durchdacht und bereits alle Faktoren des Standortes bis auf den Grund, d.h. auch auf seine Einzelindikatoren hin ausgelotet hat. Ein Standort kann und will sich nicht immer mit allen anderen Standorten vergleichen. Im Zeitalter der Globalisierung und grenzüberschreitenden Vernetzungen wäre dies auch ein kaum zu bewältigendes Unterfangen. Auf der anderen Seite bedeutet dies nicht, dass Nichtstun angesagt ist. Zumindest das entfernungsmäßig näher liegende Umfeld, beispielsweise der Standorte im Kreis oder der Nachbar-Kreise sollte nie aus den Augen verloren werden, besonders erfolgreiche Standorte sollten mit Hilfe von Benchmarks zu vielleicht nachahmenswerten Erfolgsindikatoren beobachtet werden.

Spätestens aber dann, wenn die erste Phase eines Informationsaustausches mit potentiellen Ansiedlern oder Investoren erfolgreich bestanden ist und intensivere Gespräche zwischen Vertretern und Interessenten des Standortes begonnen werden, müssen alle Beteiligten davon ausgehen, dass jetzt nicht mehr nur der eigene Standort auf dem Prüfstand steht. Im Hintergrund oder auch direkt gibt es mindestens zwei bis drei weitere Standorte, die in den anstehenden Entscheidungen eine Rolle spielen und bei potentiellen Ansiedlern und Investoren noch ein gewichtiges Wort mitsprechen können und wollen. In den meisten Fällen werden die hier konkurrierenden Standorte nicht nur im Geheimen operieren, d.h. man kann mit dem eigenen Standort sofort darangehen, bestehende Konkurrenzsituationen genau zu analysieren. Auch in dieser Phase kommen erneut die Instrumente und Fähigkeiten zur Vermessung eines Standortes zum Zuge. Je besser und schneller man diese beherrschen und anwenden kann, je einfacher kann man diese auch auf die Vermessung von anderen, d.h. in diesem Fall konkurrierenden, Standorten übertragen. In Verhandlungen über genaue Vergleichsdaten zu den Konkurrenten verfügen zu können, gehört nicht nur zu einer guten Vorbereitung, sondern kann in komplizierten Entscheidungssituationen einen oft entscheidenden Zeit- und Informationsvorteil bedeuten.

Insbesondere die extern, d.h. damit auch allgemein verfügbaren Indikatoren sollten nicht nur vollständig zusammengestellt werden, sondern auch in Relation zu anderen Standorten, d.h. insbesondere in den Vergleich zu direkt konkurrierenden Standorten gesetzt werden. Wenn man dies versäumt, tun dies ohnehin andere. Und zwar ohne, dass man selbst vielleicht noch Interpretationen für Rückschlüsse anderer beitragen könnte. Ansiedlungs- und investitionsinteressierte Unternehmen oder Personen werden ohnehin ihre eigenen Standortvergleiche anstellen. Es verspricht keinen Gewinn hierbei, mit (vielleicht nicht ganz so günstigen) Standort-Indikatoren hinter dem Berg halten zu wollen. Zu einem Kernelement für Standortvergleiche innerhalb von Deutschland werden beispielsweise immer stärker die Hebesätze für die kommunale Gewerbesteuer. Dienstleistungsstandorte sind tendenziell stärker als andere betroffen, weil Dienstleister wegen geringerer Sachinvestitionen im Normalfall im Hinblick auf mögliche Verlagerungen der Standorte beweglicher als Industrieunternehmen sind. Anzunehmen ist, dass eine Verlagerung des Standortes umso wahrscheinlicher wird, je größer im direkten Standortvergleich das Gefälle beim Hebesatz ist und je näher die Standorte dabei geographisch beieinander liegen. Ein günstiges Bild im Standort-Wettbewerb lässt sich eher durch offensive Präsentation und offene Gegenüberstellung aller verfügbaren Indikatoren erreichen. Umso mehr Spielraum verbleibt für die Vermessung, Interpretation und Präsentation „weicher", nicht allseits verfügbarer Indikatoren.

Eine Verknüpfungs-Matrix ermöglicht in unübersichtlichen Analysefeldern, sich systematisch mit den zwischen Standortfaktoren bestehenden Verbindungen auseinanderzusetzen, die Wirkungen hinsichtlich ihrer Stärke und Dauer genauer zu analysieren und in graphische Netzformen umzusetzen

Das Entscheidungsumfeld eines Standortes ist laufenden Veränderungen unterworfen: durch die Globalisierung erweiterte Wirtschaftsräume, durch das Internet neue Interaktions- und Veränderungsdynamiken. Kollektives Wissen und Kooperationsbeziehungen sind für die Standortwicklung wichtiger als materielle Ressourcen (Maschinen, Gebäude u.a.). Durch die multidimensionale Verflechtung zwischen Wirtschaft und Gesellschaft, gibt es immer weniger Ereignisse, die nicht in der einen oder anderen Form auch immer einen Standort (direkt oder indirekt) tangieren würden. Keine Einzelperson verfügt über genug Wissen, um sämtliche Möglichkeiten einer solchen ungeheuren Komplexität noch sicher verstehen und kontrollieren zu können. Wer aber das umgebende Geschehen nicht mehr vollständig erfassen kann, muss Wissenslücken, Zielkonflikte und Kontrollverluste in Kauf nehmen. Auch die gültigen Rechnungslegungsvorschriften beruhen immer nur auf materiellen Vermögenswerten. Immaterielle Ressourcen sind (anders als klassische Kapitalarten und Bilanzaktiva) nicht monetär bewertbar. Das Intellektuelle Kapital beruht auf dem Wissen und Können, der Kreativität und Kooperationsbereitschaft von Menschen (und ist daher personengebunden). Es gibt keine Besitzrechte an nicht bewertbaren, personengebundenen Ressourcen. Die traditionellen Planungsmethoden und Managementberichte müssen daher auf die neuen Anforderungen des Informations- und Wissenszeitalter hin angepasst und ausgerichtet werden. Hierfür muss ein barrierefreier Austausch erfolgsrelevanter Informationen über funktionale Grenzen hinweg sichergestellt werden. Voraussetzung ist eine genaue und detaillierte Analyse aller zugrunde liegenden Ursache-Wirkungs-Beziehungen. Es geht um die Fähigkeit, neues Wissen zu erkennen und zielführend verarbeiten zu können. Je komplexer sich dieses Umfeld darstellt desto mehr brauchen Entscheidungsträger Horizonte und Handlungsspielräume (kurzfristig Orientierte können leicht Entwicklungen übersehen, die frühzeitige Weichenstellungen erfordern).

Wichtig für die Festlegung von Indikatoren: absolute oder relative Kennzahl, wird immer gleich berechnet, muss eindeutig definiert sein, kann auch mehreren Einflussfaktoren gleichzeitig zugeordnet werde, macht die Selbstbewertung auch für Außenstehende überprüfbar, ermöglicht die kontinuierliche Überwachung von Maßnahmen. Es ist nicht immer möglich, für jeden Einflussfaktor auch einen passenden Indikator zu definieren: trotzdem sollte versucht werden, wichtige Faktoren messbar zu machen, d.h. es sollten alle Informationen genutzt werden, um neue Zahlen für die Messung aufzuspüren. *Wirkungsmethodik nach Stärke und Dauer:* in den nächsten Jahren wird es zwischen Standorten zu weiteren Verschiebungen kommen, d.h. es wird dabei nicht nur Gewinner sondern auch Verlierer geben. Dabei wird zwischen den Kommunen der Wettbewerb um begehrte Gewerbesteuerzahler noch mehr zunehmen. Für die Standortwahl werden die ertragsunabhängigen Faktoren noch stärker als bisher ins Gewicht fallen. Ohne ein auf Standortfragen geeichtes Verfahren geraten die politisch und fachlich Verantwortlichen in Gefahr, ein so komplexes und vernetztes Gebilde wie einen Standort mit allen seinen Besonderheiten wie im Blindflug steuern zu müssen. Dabei ist es meist recht selten so, als ob über dem Standort ein Schleier von alles verhüllenden Standortfaktoren und undurchsichtigen Erfolgsgeheimnissen läge. Vielmehr ist es allzu oft ein eher lückenhaftes Netz an nur unvollständig oder in ihrer Wirkungsbeziehung untereinander gänzlich unbekannten Faktoren und Prozesse. D.h. oft ist das eigentliche Standortgeschehen kaum für Schlüsselpersonen vor Ort und noch weniger für Außenstehende wie beispielsweise dringend benötigte Investoren durchschaubar, geschweige denn anhand einer auch quantitativ nachvollziehbaren Darstellung transparent nachvollziehbar. D.h. je nach einer der vielfältigen Standortfragen richtet man den Blick bzw. die Analyse immer nur auf einige hierzu herausgepickte Aspekte, lässt alles Andere außen vor oder überlässt es anderen Paralleluntersuchungen, -gutachten und -programmen. Die Begründung und Rechtfertigung hierfür klingen immer gleich oder ähnlich: andere Vorgehensweisen sind zu kompliziert, nicht machbar, zu aufwendig, nicht praktikabel usw. Ein in der Sache weiterführender, innovativer methodischer Ansatz kann in einer umfassenden Standortbilanzierung bestehen. D.h., alle in Frage kommenden Standortfaktoren zu identifizieren, in eine Ordnung und Relation zu bringen und dann einem einheitlichen Bewertungsprozess sowie einem Messprozess mit jeweils darauf zugeschnittenen Indikatoren und Kennzahlen zuzuführen.

Verknüpfung der Standortfaktoren: die Erstellung einer Verknüpfungs-Matrix gibt gleichzeitig einen Anlass, um sich systematisch mit den zwischen Standortfaktoren bestehenden Verbindungen auseinanderzusetzen, die Wirkungen hinsichtlich ihrer Stärke und Dauer einmal genauer zu analysieren und in graphische Netzformen zu übersetzen. Bereits Diskussionen hierüber können nützliche Hinweise für Entscheidungsgrundlagen generieren. *Standortfaktor- Wirkungsnetz:* zwischen einzelnen Standortfaktoren bestehen vielfältige Wirkungsbeziehungen von unterschiedlicher Stärke und Dauer. In ihren Einzelheiten sind solche Verknüpfungen kaum bekannt. Für eine fundierte Diskussions- und Entscheidungsgrundlage fehlen übersichtliche und je nach Bedarf flexibel anpassbare Darstellungsformen. Die Standortbilanz schafft Abhilfe. Es bleibt ein zentrales Anliegen, für das gesamte Geschehen nie den übergeordneten Zusammenhang, d.h. die dynamischen Wirkungsbeziehungen innerhalb der Standortfaktoren, aus den Augen zu verlieren. Es kommt darauf an zu erkennen, an welchen Stellen sich möglicherweise positive Hebeleffekte nutzen lassen. Im komplexen Geflecht eines Standortes wirken von Standortfaktor zu Standortfaktor zahlreiche Informationsaustauschbeziehungen mit mehr oder weniger starken Signalweiterleitungen. Diese Wirkungsbeziehungen zwischen den Faktoren eines Standortes sind nicht fest verdrahtet, denn ein Standort ist in ständiger Bewegung und Veränderung. Gleiches gilt für die vielfältigen Netzwerkbeziehungen eines Standortes mit der ihn umgebenden Umwelt.

Deshalb kann jeder Standortfaktor jeweils mit allen anderen Faktoren nach aktivem Wirkungseinfluss, passivem Wirkungseinfluss sowie der Dauer, bis eine Änderung in der Faktorenbeziehung wirksam wird, verknüpft und analysiert werden. Es geht u.a. um folgende Fragen: mit welchen Standortfaktoren kommt es zu Wirkungsbeziehungen? wie stark sind jeweils solche Wirkungsbeziehungen? wie lange dauert es, bis die von einem Standortfaktor ausgehenden Wirkungen zu wirken beginnen? *zu Frage 1.*: Werden zwischen Standortfaktoren Wirkungsbeziehungen festgestellt, so können diese graphisch mittels Pfeilen angezeigt werden. Dabei zeigt der eingezeichnete Pfeil von dem die Wirkung ausübenden Faktor mit seiner Spitze in Richtung auf denjenigen Faktor, auf den diese Beziehung einwirkt. *zu Frage 2.*: wurden zwischen Faktoren Beziehungen festgestellt und mit Hilfe entsprechender Wirkungspfeile angezeigt, so stellt sich die Frage nach der Stärke der jeweiligen Wirkungsbeziehung: -3 = eher stark negative Wirkung, -2 = negative Wirkung, -1 = eher schwach negative Wirkung, 0 = keine Wirkung, +1= eher schwach positive Wirkung, +2= positive Wirkung, +3= eher stark positive Wirkung (in graphischen Wirkungsnetzen kann die Wirkungsstärke mit Hilfe der Pfeil-Dicke angezeigt werden: dünner Pfeil = schwache Wirkung (positiv oder negativ), dicker Pfeil = starke Wirkung (positiv oder negativ)). *zu Frage 3.*: es soll zusätzlich erfasst werden, wie lange es dauert, bis die von einem Faktor ausgehende Beziehung bei dem hiervon betroffenen Gegenpart bemerkbar wird und sich die entsprechende Wirkung (schwach, mittel oder stark) zeigt.

Mit einem Instrumentarium von graphischen Wirkungsnetzen kann versucht werden, mehr Klarheit in das zeitweise nebulöse „Irgendwie" dieser gegenseitigen Abhängigkeiten und Korrelationen zu bringen. Neben aktiver und passiver Stärke der gegenseitigen Wirkungseinflüsse soll in Form der Wirkungsdauer-Analyse als zusätzliche Komponente der Faktor Zeit einbezogen werden. Bei solchen Wirkungsnetzen geht es zunächst einmal um den Standort als Gesamteinheit. Einzelbereiche und -funktionen werden also nicht isoliert für sich, sondern nur aus ihrem Gesamtzusammenhang heraus betrachtet. Da keiner der Prozess-, Erfolgs-, Human-, Struktur- und Beziehungsfaktoren für sich eine Insel ist, stehen im Rahmen von Hebeleffekten die zwischen ihnen bestehenden Schnittstellen im Blickpunkt. Zwischen Standortfaktoren gibt es eine Vielzahl von sich teilweise überlagernden dynamischen Wirkungsbeziehungen. Auf dieser Ebene kann man eines erreichen: nämlich Anregungen für notwendige Denk- und Entscheidungsprozesse. Solche übersichtlichen Wirkungsnetze erleichtern den Einstieg in Diskussionen und Abstimmungen und können somit als allgemein verstehbare Kommunikationsplattform für Beteiligte mit oft unterschiedlichen Interessenlagen und Informationsständen eingesetzt werden.

Verfahren. die ein hohes Maß an methodischer Unsicherheit beseitigen und bereits durch die Konzipierung und Systematisierung einen hohen Bedarf an Standard setzenden Initiativen erfüllen - Komplexität mit Komplexität verarbeiten

Googles Algorithmen bestimmten heute, was relevant ist. Behörden sitzen auf einem Berg gigantischer Datenmengen. Heute bestimmen Algorithmen nicht nur die Rangfolge von Suchmaschinen-Ergebnissen, sondern dringen immer weiter auf alle Ebenen des Gemeinwesens bis in die politische Sphäre und den Bereich der Hoheitsrechte hinein vor. Parkautomaten erheben individuelle Parkgebühren nach Uhrzeit gesteuert. Geschwindigkeitsbegrenzungen werden je nach Wetterlage und Verkehrsdichte algorithmisch gesteuert. Bürger teilen als Teil eines Sensoren-Netzwerkes Schlaglöcher auf Straßen, Staus im Verkehrsfluss u.a. mit. Autobahnraser werden über GPS automatisch geortet und mit einer Geldbuße belegt. Überwachungskameras erfassen Daten zu Standorten verschiedener Einsatzfahrzeuge von Polizei, Müllabfuhr, Feuerwehr u.a. In Amerika würden menschliche Polizisten bereits durch automatisierte Systeme ersetzt (hoffentlich eher verstärkt), die über automatische Auswertungen riesiger Datenhalden und vernetzt mit allen möglichen sonstigen Datenbanken jedes vorbeikommende Gesicht oder Nummernschild erfassen, auswerten und darauf basierende Entscheidungen treffen könnten.

Man hofft und erwartet, dass eine datengesteuerte Verwaltung schnellere und bessere Entscheidungen treffen könnte. In der Digitalwelt soll möglichst viel (fast alles) allein von Software erledigt werden. Mit jedem Tag werden Milliarden solcher Datenhäppchen produziert, verbunden mit Fortschritten bei der Auswertung: gigantische Datenmengen lassen sich in Echtzeit durchforsten. Der Traum vom vorausschauenden Computer, der nicht nur die Vergangenheit sondern auch die Zukunft kennt, für den mit seiner Intelligenz nichts mehr ungewiss wäre, scheint manchen möglich. Wenn er aber trotz immenser Technologien die Realität in Vorhersagemodellen trotzdem nur ungenügend abzubilden vermag, wird als Entschuldigung gleich mitgeliefert, dass man eben immer noch zu wenige Daten habe. Für manche Experten hat sich der politische Raum bereits in ein kybernetisches System mit einer Verwaltung als Automatismus verwandelt. Algorithmen entscheiden selbständig, an welchen Stellschrauben gedreht werden soll. D.h. solche Entscheidungen kommen nicht mehr als Ergebnisse von Beratungen oder demokratischer legitimierter Prozesse zustande. Denn Algorithmen werden von wenigen (d.h. mehr oder weniger autoritär) festgelegt, d.h. in dieser Konsequenz wird ein Code zum Gesetz. Aufgrund dieses Black-Box-Charakters von Algorithmen sehen manche Insider am Horizont bereits so etwas wie eine Algokratie heraufziehen. Danach würden mit Algorithmen, die sich nur schwer demokratisieren lassen, Normen durch die Hintertür implementiert. Wenn dem so wäre: Codes sind kein Äquivalent für Gesetze und sollten nicht darüber bestimmen dürfen, was für ein Gemeinwesen gut oder schlecht ist. Im

Grunde genommen ist somit jedermann dazu aufgerufen, sich möglichst genau anzusehen und (wenn überhaupt möglich) darüber zu informieren, wie alle genau alle diese Systeme (vor allem auch im Zusammenspiel ihrer Einzelkomponenten) funktionieren.

Kennzahlen definieren: Bestimmung von Kennzahlen, die eine Steuerung der analysierten Prozesse ermöglichen, Bestimmung geeigneter Messmethoden für die entsprechenden Kennzahlen. *Analyse von Verknüpfungen*: welche Kennzahlen beeinflussen sich gegenseitig (Ursache-Wirkungs-Netzwerke). Festlegung von Verantwortlichkeiten für Beobachtung und Steuerung der Kennzahlen. Die Analyse der Verknüpfungen der Kennzahlen ergibt ein erkenntnisreiches Kausalnetz von Früh- bis hin zu darauf aufbauenden Spätindikatoren. Aus dem Gesamtsystem sollte jederzeit ein aktueller Indikatoren-Bericht abgerufen werden können. Innerhalb der methodisch durchgängigen Systematik müssen Änderungen bei den Standortfaktoren über entsprechend angelegte Verknüpfungen auch bei den zugehören Indikatoren berücksichtigt werden (und umgekehrt). Die Beurteilung von Indikatoren des Standortes kann insbesondere durch die Bildung von Zeitreihen unterstützt werden. Die Beobachtung der zeitlichen Indikatoren-Entwicklung liefert für Wirtschaftsförderer und Standortentscheider wertvolle Hinweise. *Checkliste:* welche Kennzahlen sind zur Beschreibung einzelner Einflussfaktoren und ihre 3 Bewertungsdimensionen (Quantität, Qualität, Systematik) geeignet? Welche Kennzahlen wurden bereits genutzt? Welche Berechnungsvorschrift gilt? Wie werden Indikatoren erhoben, aus welchen Datenquellen stammen sie? Wie sind Indikatoren zu interpretieren (wann ist ein Wert gut, wann schlecht)? Welche Werte haben Indikatoren? Liegen bereits Zeitreihen vor?

Ein Potential-Bild eines Standortes macht deutlich, wie der Standort in seinem Inneren mit allen seinen mehr oder weniger versteckten Wirkungsbeziehungen funktioniert, gemeinsame Zielsetzungen können damit besser aufeinander abgestimmt werden. Das gewählte Verfahren könnte ein hohes Maß an methodischer Unsicherheit beseitigen und erfüllt bereits durch die Konzipierung und Systematisierung einen hohen Bedarf an Standard setzenden Initiativen. Die Standortfaktoren können zusätzlich noch mit Indikatoren belegt werden, d.h. mit Kennzahlen beschrieben werden, um ihre Aussagekraft noch zu erhöhen. Anhand der Indikatoren können auch Externe nachvollziehen, nach welchen Kriterien die jeweiligen Standortfaktoren bewertet wurden. Mit Hilfe der Indikatoren bliebe die Bewertungsgrundlage über Jahre hinweg transparent und könnte mit aktuellen Auswertungen verglichen werden. Ein wichtiger Bereich unseres Lebens, der sich von außen nicht jedem und nicht auf den ersten Blick erschließen mag, wurde auch bis in seine inneren Verzweigungen hinein durchleuchtet.

So weit, so gut: Aus einer Top-Down-Betrachtung von der Standortebene aus betrachtet, gibt es damit weniger Entschuldigungen, aufgrund fehlender Informationen und Handlungsempfehlungen gegebenenfalls falsche Entscheidungen getroffen oder überhaupt notwendige Entscheidungen versäumt zu haben. Blieben noch zwei weitere Blickrichtungen offen: wo liegen die Prioritäten mit den größten Hebeleffekten? welche Nebenwirkungen sind bei bestimmten Maßnahmen zu erwarten? Wie und nach welchen Kriterien sind einzelne Faktoren und Indikatoren aufzugliedern? Wie und mit welchen Mitteln können sie möglichst transparent dargestellt werden? Auf welcher Kommunikationsplattform könnte man gegebenenfalls anstehende Maßnahmen vorbereiten und allgemeinverständlich kommunizieren? Die Liste dieser Fragen ließe sich ohne Schwierigkeiten noch um Einiges fortführen und erweitern. Wenn es um konkrete Umsetzungs- und Ausgestaltungsperspektiven vor Ort geht, können die Standortverantwortlichen immer nur aus einer ganzheitlichen Sicht heraus verantwortungsbewusste Entscheidungen treffen. Es muss also in erster Linie darauf geschaut werden, wie sich die an zahlreichen Stellen auffindbaren Indikatoren in das sie umgebende Netz der Standortfaktoren einfügt. Dieses noch im Rohbau befindliche Gedankengebäude sollte fortgeführt werden, indem die Instrumente für eine Standortbilanz an anderer Stelle auch genutzt werden, um sie gegebenenfalls von der lokalen Standort-Gesamtsteuerung ganz gezielt auf die Detail-Steuerung von Einzelbereichen eines bestimmten Standortes zu übertragen.

Hierbei geht es darum, ein möglichst vollständiges Karten- und Messbild mit allen verfügbaren Sensoren der Indikator-Landschaft eines Standortes zusammenzusetzen. Die Flughöhe würde von der Bundesebene aus stufenweise abgesenkt, um quasi zum Tiefflug übergehend bis hin zu Indikatoren auf der untersten Standortebene zu gelangen. *Indikatoren auf Bundesebene*: Attraktivität Deutschlands als Investitionsstandort, die attraktivsten Standorte weltweit, die wichtigsten Kriterien bei der Standortwahl, Standortpolitik im Urteil der Investoren, Entwicklungsprognose Standort Deutschland, bevorzugte Regionen in Deutschland, Lebensqualität-Index, Economic-Freedom Index, wissensintensive Dienstleistungen, Bruttoinlandprodukt pro Einwohner, Anzahl Insolvenzen, Entwicklung KfW-Ifo- Mittelstandbarometer, Qualität der Gesundheitsversorgung, Medizinklimaindex, Gesundheitsdaten beim Statistischen Bundesamt, behandelnd tätige Zahnärzte je 100.000 Einwohner, Apotheken je 100.000 Einwohner, Global Entrepreneurship-Index, Arbeitslosenquoten, Erwerbstätigkeit und sozialversicherungspflichtige Beschäftigung, gemeldete Arbeitsstellen, Laboratory Demographic Change, Altersstruktur Bevölkerung nach Standort, Bevölkerungswachstum nach Standort, RDX-Index: Demografische Veränderung nach Standort, Durchschnittsalter Bevölkerung nach Standort, Bevölkerungsdichte nach Standort, Labor Supply Location Risk, Arbeitsproduktivität Location Risk, Human Capital Location Risk, Ifo-Geschäftsklimaindex, GfK- Konsumklimaindex, ZEW-Konjunkturerwartungen, Arbeitsmarktflexibilität, Erfolgsindex, Aktivitätsindex, Armutsquote, Bildungsquote, Ausgaben je Schüler, beruflicher Bildungsabschluss, Bildungsausgabenquote, soziale Lage, subjektiver Wohlstand, Familienstand, Partnerschaft, Haushaltsgröße nach Altersgruppen, demografische Haushaltsgröße, Ausländeranteil, Zufriedenheit mit ausgewählten Lebensaspekten, Gesamtmobilität, vertikale-

horizontale Mobilität, Auf-/ Abstiegsraten, Verbrechen und Vergehen nach Deliktgruppen, polizeilich registrierte Straftaten, Straftaten und Aufklärungsquote, Kriminalitätsangst, Einbruchsopfer, Überfallopfer, Zufriedenheit mit lokaler Polizeiarbeit, Verkehrsflughäfen, Erreichbarkeit über Autobahn, Erreichbarkeit per Bahn, Erreichbarkeit Flughafen, Erreichbarkeit IC/ICE-Bahnhof, PKW-Erreichbarkeit Agglomerationszentren, IKT-Monitor.

Indikatoren im Umfeld des Bundeslandes: Bundesländerranking, Anzahl Straftaten je 100.000 Einwohner, Entwicklung Arbeitnehmerentgelte, Schuldenquote, Entwicklung Arbeitsmärkte, Patentintensität, Investitionsquote öffentlicher Haushalte, Steuerkraft je Einwohner, verfügbare Einkommen je Einwohner, Hochqualifiziertenquote, Armutsquote, Quote Privatschüler, Flugzeugbewegungen, ausländische Direktinvestitionen, Kaufkraftindex, Bildungsmonitor, Bildungssysteme Rangliste, Bildung – Internationalisierung, Bildung – Schulqualität, Bildung – Integration, Bildung – Arbeitsmarktorientierung, Bildung – MINT-Förderung, Bildung – Forschungsorientierung, welches Land hat Bildung verbessert, Dynamikranking nach Inputeffizienz, Dynamikranking nach Zeiteffizienz, Dynamikranking nach Schulqualität, Dynamikranking nach Arbeitsmarktorientierung, Dynamikranking nach Akademisierung, Dynamikranking nach MINT-Förderung, Dynamikranking nach Forschungsorientierung.

Indikatoren im Umfeld des spezifischen Standortes: Altersgruppenstruktur, Einzelhandelsumsatz je Einwohner, Arbeitslosenquoten, Beschäftigungsquote, Entwicklung der Beschäftigung, Anteil der Jüngeren an den Arbeitslosen, Krankenhausbetten, Armutsquoten, IHK Familien- und Demographieatla, Teilzeitquote, Frauenbeschäftigtenquote, Kinder von 0-15 Jahren in Kindertagesstätten, Kita-Plätze für unter 3-Jährige, Tagespflegplätze für unter 3-Jährige, Versorgungsquote für unter 3-Jährige, Bevölkerungswachstum Gemeinden, Jugend- und Altersanteil, Wanderungssaldo von Familien und Senioren, Verschuldung pro Kopf, Jugendarbeitslosenquote und SGB II-Empfänger, Unternehmensinsolvenzverfahren, Gewerbeanzeigen, unbeschränkt Lohn- und Einkommensteuerpflichtige, Finanzen der Gemeinden, PVI-Privatverschuldungsindex, PVI-Risikobereich grün, PVI-Risikobereich gelb, PVI-Risikobereich orange, PVI-Risikobereich rot, PVI-Verschuldung zu-/abnehmend, Demografie-Index, Kriminalität-Index, Lebensbedingungen am Wohnort, Einwohnerdichte, Städtebauförderung, Zufriedenheit mit Wohnort Stadt, Zufriedenheit mit Umweltbedingungen im Wohngebiet, Immobilienwirtschaft-Indikatoren, Immobilienuhr, regionale Standort-Marktattraktivität, Preise für baureifes Land, Neubau 1- und 2-Familienhäuser, Neubau Mehrfamilienhäuser, Eigentümerquote, Wohnungsbestandsentwicklung, Prognose Wohnungs-Leerstandrisiko, Miete bei Neu-/Wiedervermietung, Preise für Standardhäuser, Hauspreis-Einkommensrelation.

Wechselseitige Abhängigkeiten von Einflussfaktoren eines Standortes – Standortcluster collaborativer Geschäftsprozesse nach dem Konzept der „zero latency enterprise" - vernetzte Unternehmen kombinieren im Sinne einer „Extended Company" die Beweglichkeit und Effizienz von Kleinbetrieben mit den Synergien (economies of scale) großer Unternehmen

So wie damals die Dampfmaschine das Ausüben von Arbeitskraft verstärkt hat, so erweitert heute der Computer die Möglichkeiten, Wissen aufzufinden. Das Starten einer digitalen Suchmaschine zur Erschließung von Wissen im Internet geht schneller und leichter als die Befragung eines Experten. Die Welt wird quasi am Bildschirm lesbar, das Wirkliche zum Bestand gemacht. Die Automatisierung von Expertenwissen bringt in einer informationsüberfluteten Gesellschaft Vorteile. Aber so wenig, wie Menschen vollständig von Dampfmaschinen abgelöst wurden, so wenig wird man auch trotz Internet auf Experten verzichten können. Aber weil jeder Wissen googeln kann, bleibt nicht alles so wie es ist. Auch Experten, Journalisten, Ärzte, Lehrer oder eben auch Standortakteure stehen mitten im Wandel der Digitalisierung. Die Autorität von Experten basiert jetzt weniger auf dem Umstand, mehr zu wissen. Als vielmehr darauf, den strukturellen Überblick zu besitzen, um neues Wissen angemessen und sachgerecht bewerten und einordnen zu können. Denn Suchmaschinen automatisieren das Finden von Wissen, nicht aber seine Produktion. Die Entwicklung aber steht nicht still: digitalisierte Wissensmaschinen können aus Daten vollautomatisch neues Wissen errechnen, Algorithmen können Suchtexte zu Fließtexten verarbeiten, anstelle von Menschen schreiben Rechner. Nicht alles Wissen dieser Welt wird nur von Menschen gedacht und aufgeschrieben, sondern aus verschiedenen Datensätzen neu zusammengefügt und errechnet werden. Die gute Seite daran: die Vernetzung von Datensätzen, bisher eine dem Menschen vorbehaltene Tätigkeit, kann ausgelagert werden, das Gehirn entlasten. Um Freiraum für Neues, Kreatives zu ermöglichen.

Wirkungsbeziehungen: mit Hilfe eines Wirkungsnetzes können die Wirkungszusammenhänge der Einflussfaktoren dargestellt werden: wechselseitige Abhängigkeiten können über die netzförmige Darstellung identifiziert werden. Sich gegenseitig verstärkende Einflussfaktoren können computergestützt über Generatoren dargestellt werden. Ein Generator beschreibt einen Regelkreis im Wirkungsnetz. Er besteht aus 2 oder mehr Einflussfaktoren, die sich durch Rückkoppelung gegenseitig verstärken. Maßnahmen in diesen Einflussfaktoren sind besonders wirkungsvoll. Man erhält damit Anhaltspunkte, was die einzelnen Faktoren für die angestrebten Veränderungen bedeuten und wie über die Wirkungszusammenhänge der Standortfaktoren der Erfolg beeinflusst werden kann. Es wird der Wirkungszusammenhang zwischen zwei unterschiedlichen Einflussfaktoren betrachtet, also der Einfluss eines Faktors auf einen anderen (paarweise). Statt positiver müssen zusätzlich auch negative Wirkungen untersucht werden, d.h. Verschlechterungen innerhalb der Standortressourcen: was kann unter den gegebenen Umständen mit dem jeweiligen Einflussfaktor im negativen Fall passieren? *Ergebnis*: es werden zusätzliche Erkenntnisse über interne Standort-Risiken erlangt.

Kollaborative Geschäftsprozesse im Wandel: eine Voraussetzung für die Bewältigung des Wandels durch Globalisierung ist für Unternehmen die Reorganisation der Supply Chain, d.h. die Reorganisation des gesamten Material-, Informations- und Zahlungsflusses entlang der Wertschöpfungskette: vom Lieferanten bis hin zum Kunden. Die größten Markterfolge haben Unternehmen, die alle Wertschöpfungsstufen regelmäßig überwachen und messen können. Auf den zunehmend internationalen Märkten treten Virtual Corporations stärker in Erscheinung. Virtual Corporations entstehen, wenn sich große Unternehmen in kleinere autonome Unternehmenseinheiten aufspalten und auf dem Markt als Wettbewerber auftreten, da sie durch ihre Autonomie effizienter agieren. Um den Kunden jedoch ein herausragendes Servicepaket zu bieten, verknüpfen sich diese autonomen Unternehmenseinheiten für bestimmte Märkte oder Kunden und treten als Virtual Corporation auf. Oder mehrere Partner verbinden sich ziel- und projektorientiert, um gemeinsam Produkte und Services zu entwickeln, beispielsweise: kleine, selbständige Geschäftseinheiten bauen auf wenigen Kernkompetenzen auf. Die übrigen Geschäftsfunktionen werden entweder in selbständige Einheiten ausgelagert oder von spezialisierten Unternehmen bezogen (z.B. Logistik). Die verbleibenden Geschäftseinheiten werden überschaubarer und können neue Marktchancen schneller aufgreifen. Und: vernetzte Unternehmen kombinieren die Beweglichkeit und Effizienz von Kleinbetrieben mit den Synergien (economies of scale) großer Unternehmen. Große Teile der bisher rein innerbetrieblichen Kommunikation werden im Sinne der „Extended Company" auf Kunden und Lieferanten angewendet. Die elektronische Kommunikation erlaubt die Verselbständigung von Unternehmenseinheiten, ohne die Integration der Prozesse aufgeben zu müssen. Die Orientierung erfolgt grundsätzlich am Business und nicht an den Legal Entities oder der Business Function.

e-Business integriert Geschäftsprozesse: die schnelle Entwicklung der Informations- und Kommunikationstechnologien hat die Basis für neue Anwendungs- und Einsatzgebiete wie den elektronischen Geschäftsverkehr geschaffen. Schlüsselmerkmale des eCommerce: Sprengung geographischer Grenzen, Außerkraftsetzen von Geschäftszeiten und Zeitzonen, allgemeine Verfügbarkeit für unterschiedlichste Gruppen, Veränderung traditioneller Wertschöpfungsprozesse, Entstehung spezieller Internet-Geschäftsmodelle. *Konsequente Ausschöpfung des Zeitpotenzials*: durch die Freiheiten hinsichtlich Informations- und Kapitalfluss, Güter- und Dienstleistungsbewegungen sind für alle Beteiligten Zugänge zu unterschiedlichen Leistungen und Technologien möglich, d.h. die Marktdynamik nimmt weiter dramatisch zu. Der Aspekt der Geschwindigkeit gewinnt im Hinblick auf die Wettbewerbsfähigkeit eines Standortes somit immer mehr an Bedeutung.

Zero latency enterprise: neben dem elektronischen Handel im Business-to-Customer-Bereich (B2C) gewinnt auch die elektronische Beschaffung im Business-to-Business-Bereich (B2B) an Bedeutung. Die Möglichkeit einer direkten und damit effektiveren Endkundenkommunikation, verbunden mit kurzen Bestell- und Lieferzyklen, sowie die vereinfachte Bildung von Kooperationsnetzwerken mit externen Geschäftspartnern zur Optimierung von Liefer- und Prozessketten verlangt flexible Organisationsstrukturen, um schnell auf die Veränderungen reagieren zu können. Voraussetzung hierfür ist die Integration des Front-Office mit den dahinter stehenden Geschäftsprozessen. Voraussetzung für Markterfolg ist die durchgängige Integration von Geschäftsprozessen und Anwendungen. Um nach dem Konzept der „zero latency enterprise" über die Daten in Echtzeit verfügen zu können, müssen neue Anwendungen in die bestehende IT-Struktur eingebunden werden. Die für eCommerce-Modelle aufzubauende Infrastruktur erfordert eine Verflechtung der Anwendungen, damit die Prozesse ohne Unterbrechungen und somit systemübergreifend ablaufen können. *Optimierung der Logistikverfahren:* innerhalb einzelner Wertschöpfungsketten geht es um optimale Arbeitsteilung zwischen den Gliedern, um Verbesserungen der Zulieferer-Abnehmer-Beziehungen. Der intensivierte Informationsaustausch trägt dazu bei, enge und interaktive Geschäftsbeziehungen aufzubauen, die Effektivität der Lieferkette zu erhöhen und die Profitabilität zu steigern. Daraus realisierbare Vorteile sind u.a. Verringerung der Bestandsmengen in der Versorgungskette, Verringerung der Durchlaufzeiten in der Versorgungskette, Erhöhung der Auslastung der Transportkapazitäten sowie und Erhöhung der Warenverfügbarkeit an den Verkaufsstellen.

Die zunehmende Globalisierung der Märkte hat in den letzten Jahren die Flexibilisierung von Organisationsstrukturen, Prozessen und Systemen beschleunigt. Collaborative Business unterstützt dies dabei im virtuellen Raum des Internets, d.h. unabhängig von zeitlichen und geografischen Gegebenheiten und unter Einbeziehung beliebig vieler Geschäftspartner, die Integration von Geschäftsabläufen über Unternehmensgrenzen hinweg. Prozess- und Datenintegrität sind zusammen mit guten Geschäftsbeziehungen der beste Weg zu einer funktionierenden unternehmensübergreifenden Zusammenarbeit. In einer solchen „Virtual Corporation" verbinden sich mehrere Partner ziel- und projektorientiert, um gemeinsam Produkte, Dienstleistungen und Services auf den Märkten anzubieten. Positive Auswirkungen hat die Collaboration mit Partnern, Lieferanten und Kunden durch Potenziale wie beispielsweise: Förderung von Innovationen, Prozessoptimierung, Gewinnung neuer Kunden, Verbesserung der Verkaufs- und Marketingchancen, Verbesserung der Kommunikation, engere Bindung der Kunden, höhere Kundenzufriedenheit, höhere Wettbewerbsfähigkeit, Ausschöpfung von Gewinnpotenzialen, Reduktion von Kosten, neue Lieferanten und Prozessbeschleunigungen. Alles dies tangiert auf breiter Front auch Standortanalysen und Standortentscheidungen. Der Decision Support für alles dies verlangt im Kontext mit Standorten nach einer breiten und tragfähigen Palette von Indikatoren und Sensoren.

Potentialmethodik mit Handlungsempfehlungen für die planende Verwaltung - keiner der Standortfaktoren ist für sich alleine eine Insellösung, sondern kann eine volle Außenwirkung erst im Zusammenspiel mit allen übrigen Faktoren des Standortes entfalten

Generierung von Standort-Handlungsempfehlungen: aus der Systematik der Standortbilanz heraus können bereits Handlungsempfehlungen generiert werden. Dies sind keine Muss-Anweisungen, stellen aber trotzdem für eine Vielzahl von Anwendungen im Bereich der Standortentwicklung wertvolle Hinweise bereit. Aus allen vier, im Rahmen der Standort-Vermessung ermittelbaren Strategietypen können sich wichtige Konsequenzen für die zukünftige Standortarbeit ergeben, die akuten Handlungsdruck signalisieren. Des weiteren lassen sich Verantwortungsbereiche für die Entwicklung des Standortes klarer fassen und definieren, daraus abzuleitende Teilziele des Standortes können präziser formuliert werden. An dieser Stelle geht es besonders darum, wichtige Funktionen und Merkmale der zu bearbeitenden Indikatoren mit ihren Wirkungsbeziehungen im Gesamtsystem des Standortes aufzuzeigen. Für diese Klammerfunktion wird das ganzheitliche System und Instrumentarium einer Standortbilanz genutzt.

Kapital ist nicht gleich Kapital: das materielle Kapital steht in der Bilanz. Darüber hinaus sind aber auch Wissen, Prozesse, Beziehungen etc. auch Kapital, das in der Regel aber nicht in der

Bilanz steht. In keiner Bilanz taucht auf, welches Image oder welche Ausstrahlungskraft ein Standort nach außen hin aufweist. In keiner Bilanz taucht auf, in welcher Größenordnung Impulse bestimmter Faktoren speziell auf einzelne Wirtschaftszweige oder aber auf die Stadt- und Standortentwicklung insgesamt wirken. Bislang gibt es nur vereinzelte Ansätze wie solche immateriellen Ressourcen zu messen sind. Die Behandlung allein der finanziellen Werttreiber genügt heute nicht mehr, um den Erfolg zu messen. Die finanzielle Perspektive sollte deshalb um eine strukturierte Darstellung auch immaterieller Vermögenswerte erweitert werden. Oder anders ausgedrückt: die nichtfinanziellen Werttreiber sind wie ein Sockel (Vermögenswerte, die einen Beitrag zum Erfolg des Standortes leisten und weder materielle Güter noch Finanzanlagen sind) unter der Wasseroberfläche, der oft den größeren Teil des Eisberges der Standortperformance ausmacht.

Das Instrumentarium der Wirtschaftsförderung sollte somit maßgeschneidert um nichtfinanzielle Werttreiber erweitert werden, um schneller und erfolgreicher auf Änderungen des Umfeldes reagieren zu können. Neben der systematischen Erfassung der relevanten nichtfinanziellen Werttreiber ist allerdings die Darstellung von Zusammenhängen anspruchsvoll, mit der ihre Auswirkungen auf Ergebnisse auch quantitativ nachvollziehbar gemacht werden sollen. Aber erst dann lassen sich die wichtigsten Hebel zur Wertsteigerung erkennen, um die Ressourcen gezielt dorthin lenken zu können. Grundsätzlich vorteilhaft ist die Erfassung des Intellektuellen Kapitals vor allem deshalb, weil übliche Berechnungen nur die finanzielle und materielle Vergangenheit widerspiegeln. Es ist aber auch immer das Ungewisse, d.h. die sogenannten „weichen" Faktoren, die einen Standort vorantreiben, d.h. Standorte, die sich einzig auf materielle Faktoren verlassen, werden träge und weniger sensibel gegenüber Veränderungen. Ein dynamischer Standort setzt in dieser schnelllebigen Zeit daher für seine Zukunft vor allem auf erfolgsrelevantes Wissen, d.h. immaterielle Vermögenswerte, über die i.d.R. wenige oder keine verlässliche Daten vorliegen. Wenn der Wettbewerb immer weniger über Faktoren wie Gewerbesteuern bestritten werden kann, muss nach anderen, tiefer liegenden, bisher noch ungenutzten Faktoren gesucht werden. Das Geschäftsumfeld wird dem Standort mit seinen Akteuren immer mehr eine positive Grundhaltung zum Wandel abverlangen, d.h.: wenn diese sich nicht selbst der Zukunft stellen, werden es andere tun. Es wird sich dann schnell herausstellen, wer Probleme lösen kann und wer nicht.

Schwierigkeiten ergeben sich dadurch, wenn es darum geht etwas zu bewerten, das man nicht mit dem Millimetermaß des Kämmerers angehen kann. Nicht alles was gemessen wird, muss deshalb auch von Bedeutung sein; nicht alles was wichtig ist, muss deshalb auch zu messen sein. Die wichtige Frage lautet somit: ist ein Standort überhaupt messbar ? Die Antwort ist: Ja, denn auch Bewertungen hierzu sind fassbare, erfragbare Realitäten. Wer Transparenz scheut, hat meist nur geringes Vertrauen in sein eigenes Beurteilungsvermögen und hat in einer immer mehr wissensorientierten Wirtschaftswelt immer weniger Chancen. Mit einer Portfolio-Aufteilung der Standortfaktoren soll danach gefragt werden, wo für diese vorrangige Handlungsempfehlungen abgeleitet werden könnten: sollte man den Standortfaktor eher entwickeln, analysieren, stabilisieren oder besteht für ihn aufgrund der derzeitigen Lage vielleicht kein Handlungsbedarf?

Im ganzheitlichen Ansatz der Standortbilanz wird dabei nie isoliert nach nur einem Standortfaktor gefragt, sondern immer auf das aus allen Faktoren zusammengeknüpfte Wirkungsnetz geachtet. Dabei wird auf der horizontalen Achse eines Portfolios die Bewertung des jeweiligen Standortfaktors angezeigt. Dieser Wert wird als Durchschnitt aus den drei Dimensionen „Quantität", „Qualität" und „Systematik" ermittelt. Auf der zweiten vertikalen Achse des Tableaus wird das Einflussgewicht des Faktors aufgetragen. Dies ermöglicht eine anschauliche und auf einen Blick erfassbare Zuordnung und Abgrenzung der Standortfaktoren nach unterschiedlichen Handlungsfeldern: *Oben rechts 1. Quadrant* = Stabilisieren (der Faktor hat ein relativ hohes Einflussgewicht und wurde relativ hoch bewertet). *Oben links 2. Quadrant* = Entwickeln (der Faktor hat ein relativ hohes Einflussgewicht, wurde aber relativ gering bewertet). *Unten links 3. Quadrant* = Analysieren (der Faktor hat ein relativ niedriges Einflussgewicht und wurde auch nur relativ gering bewertet). *Unten rechts 4. Quadrant* = Kein Handlungsbedarf (der Faktor hat ein relativ niedriges Einflussgewicht, wurde aber relativ hoch bewertet). Die Standortfaktoren werden mit einer zusammengefassten Bewertung für alle drei Dimensionen Quantität, Qualität und Systematik dargestellt. Je nach vorgenommener Bewertung erfolgt eine Zuordnung auf einen der vier Empfehlungs-Quadranten „Analysieren", „Entwickeln", „Stabilisieren" oder „Kein Handlungsbedarf". Auf einen Blick wird sichtbar, welche Standortfaktoren das größte Entwicklungspotenzial versprechen.

Dynamik, Stärke und Dauer von Zusammenhängen können mit Hilfe von Indikatoren mess- und nachvollziehbar gemacht werden Grundstruktur „weicher" Standortfaktoren: insbesondere die Standortökonomie weicher Faktoren ist kein exotisches Thema, sondern kann in den planenden Verwaltungen erhebliche Aktivitäten unterstützen. Obwohl manche wichtigen Standortfaktoren nicht direkt greifbar sind, sind sie für die weitere Entwicklung des Standortes von entscheidender Bedeutung, d.h. die systematische Steuerung solcher "weichen" Erfolgsfaktoren rückt immer stärker in den Vordergrund. An sich bekannte Prozesse können unter völlig neuen Gesichtspunkten durchleuchtet werden: Zusammenhänge zwischen Standortzielen, Geschäftserfolgsfaktoren und Geschäftsprozessen einerseits sowie Standortfaktoren wie Human-, Struktur- und Beziehungskapital andererseits werden sichtbar gemacht. Angesichts der Komplexität und Vielfalt der in die Standortanalyse einfließenden Eingangsdaten liefert diese überraschend klare und strukturierte Aussagen, Hinweise auf geeignete Maßnahmenoptionen. Der Stellenwert der für den Standort wichtigen Erfolgsfaktoren wird deutlich und damit die notwendige Voraussetzung für die Prioritätensetzung von erforderlichen Aktivitäten geschaffen. Es wird untersucht, wie gut der Standort tatsächlich aufgestellt ist und wo sich durch Bündelung der Kräfte zusätzliche Profilierungschancen bieten.

Vor allem kleinere Standorte stehen vor der Frage, wie sie in einem sich immer mehr verschärfenden internationalen Wettbewerbsumfeld ihre wirtschaftliche Zukunft sichern können. Allen gemeinsamer strategischer Eckpfeiler: ihre jeweils spezifischen Standortvorteile. In der Praxis bedeutet dies die Konzentration auf eine begrenzte Anzahl von Aktivitäten sowie eine gezielte Pflege der für den Erfolg besonders wichtigen Standortfaktoren. Die Standortanalyse der weichen Faktoren macht deutlich, wie der Standort in seinem Inneren und seinen Außenbeziehungen funktioniert, gemeinsame Zielsetzungen können damit besser aufeinander abgestimmt werden. Die konsequente Systematik weicher Faktoren beseitigt ein hohes Maß an methodischer Unsicherheit und erfüllt bereits durch die Konzipierung (z.B. eines Bewertungs- und Indikatoransatzes) einen hohen Bedarf an Standard setzenden Initiativen.

Wer in einem dynamischen Umfeld standortinterne und -externe Informationen schneller generieren und sie für strategische und operative Entscheidungen und Prozesse nutzen kann, kann hieraus am sichersten Wettbewerbsvorteile schöpfen

Bilder einer datenmäßig ungewissen Zukunft - nicht immer direkt greifbar, trotzdem wirksam – notwendige Voraussetzungen für richtige Prioritäten: Aus der Sicht eines Standortes stellen sich Risiken umso komplexer dar, da sie quasi zeitgleich wirksam werden, sich wechselseitig beeinflussen und in ihrer Wirkung teils auch gegenseitig verstärken/beeinträchtigen können. Es geht darum, Bilder einer möglichen, datenmäßig vielfach noch ungewissen Zukunft abzubilden. Die Namensgebung für Szenariotechniken erfolgt in Anlehnung an die Szenenbeschreibungen in Filmdrehbüchern: ein Szenario ist die Beschreibung einer vorstellbaren zukünftigen Situation. Ziel der Szenariotechnik ist es, auf Standort-Problematiken übertragen, ebenfalls Bilder einer möglichen Zukunft darzustellen. Von der Gegenwart ausgehend werden in einer Lageanalyse Wahrscheinlichkeitsgrade ermittelt, nach denen sich sowohl interne als auch externe Einflussfaktoren innerhalb der nächsten Zeit verändern werden. Es wird ein Entwicklungsverlauf aufgezeigt, der zu einer bestimmten Zukunftssituation führt: jeweils unter der Annahme, dass die Einflüsse heute geltender Tatbestände mit fortschreitender Zukunft immer mehr abnehmen werden. Technische Entwicklungen, demographische Veränderungen oder politische Krisen/ Umbrüche können zu Diskontinuitäten des Umfeldes führen, auf die Standorte kaum Einfluss haben. Was sie aber in der Hand haben, ist die hierauf am besten geeignete Reaktion.

Im Denkmodell der Szenariotechnik gibt es nämlich nicht: „die" Zukunft. D.h. es gibt immer mehrere Zukünfte, mit denen man rechnen muss: denn während sich die eigene Vorstellungskraft häufig auf ein lineares Weiterdenken konzentriert, kann sich die Situation aufgrund o.a. Umwälzungen plötzlich auch ganz anders darstellen. Wie die Zukunft objektiv aussehen wird, kann heute keine Methode feststellen, denn sie wird erst gestaltet. Es ist jedoch möglich, bereits jetzt bestimmte Entwicklungen einzuschätzen, sie kollektiv zu überprüfen, zu diskutieren und dann Maßnahmen zu überlegen, sich in geeigneter Weise darauf einzustellen. Beispielsweise liefern sogenannte Delphi-Studien nicht einfach ein realistisches Bild von der Zukunft, sondern eine Informationsgrundlage für die Entscheidung, was jetzt zu tun oder zu lassen ist. Der Kern des Verfahrens besteht aus zwei sogenannten Befragungsrunden: Dabei werden Listen von Standortvisionen, die in der Zukunft für möglich gehalten werden, einer großen Zahl von Experten vorgelegt. Deren Antworten werden eingeholt, statistisch zusammengestellt und demselben Personenkreis erneut zugeschickt. In dieser zweiten Runde sollen die Experten ihre Antworten unter dem Einfluss der Einschätzungen ihrer Fachkollegen noch einmal überdenken und ggf. korrigieren.

Szenariotechnik: analysiert mehrdimensional alternative Zukunftspfade. Visionsszenario: wird ausschließlich auf der Entscheiderebene eingesetzt. Strategische Visionen werden in Form der Szenariodarstellung vornehmlich intuitiv entwickelt und oft stark normativ ausgerichtet. Megatrendszenario: untersucht die Auswirkungen relevanter Trends und Veränderungen auf die verschiedenen Lebens- und Wirtschaftsbereiche. Langfristig übergeordnete Trends werden in spezielle Bereiche projiziert. Es wird ein schnelles Erkennen sich verändernder Umfeldbedingungen unterstützt. *"Direct- Writing"-Szenario*: ist eine Kombination des Megatrend- mit einem Visionsszenario, in diesem Szenario werden die Wandlungsbereiche (Environmental Forces --- was geschieht aufgrund der Megatrends?) mit den Handlungsbereichen (Division Factors --- wie soll sich der Standort verhalten?) direkt verbunden und hieraus konkrete Strategiemaßnahmen entwickelt. *Modellorientiertes Szenario*: Rechnergestützte Modelle, die quantitative Ergebnisse liefern, Wirkungszusammenhänge werden in quantifizierter Form in Simulationsmodelle eingegeben. *Determiniertes Szenario*: Ein bestimmtes Zukunftsbild wird auf seine Konsequenzen hin untersucht. Z.B: welche Maßnahmen müssen aufgrund der Globalisierung ergriffen werden? Grundlage ist ein bereits entwickeltes Zukunftsbild. *Umfeldszenario*: beinhaltet eine Zukunftsbetrachtung, die nicht von der Entwicklung des zu betrachtenden Untersuchungsfeldes ausgeht. Stattdessen werden die für den Standort relevanten Umfelder und deren Entwicklung analysiert und zu in sich konsistenten Zukunftsbildern zusammengesetzt.

Während in den Strukturen der Gegenwart Störereignisse meist noch keine Rolle spielen, nehmen mit zunehmender Erweiterung dieses Zukunfts-/Zeittrichters gleichzeitig die Ungewissheit von Informationen und damit auch die Unsicherheit hinsichtlich des Eintreffens von Voraussagen zu: in der ganz weiten Zukunftsferne wird nahezu alles möglich. Die Ausführungen zeigen, dass die Standortökonomie weicher Faktoren kein exotisches Thema ist, sondern in den planenden Verwaltungen erhebliche Aktivitäten unterstützen kann. Obwohl manche wichtigen Standortfaktoren nicht direkt greifbar sind, sind sie für die weitere Entwicklung des Standortes von entscheidender Bedeutung, d.h. die systematische Steuerung solcher "weichen" Erfolgsfaktoren rückt immer stärker in den Vordergrund. An sich bekannte Prozesse können unter völlig neuen Gesichtspunkten durchleuchtet werden: Zusammenhänge zwischen Standortzielen, Geschäftserfolgsfaktoren und Geschäftsprozessen einerseits sowie Standortfaktoren wie Human-, Struktur- und Beziehungskapital andererseits werden sichtbar gemacht.

Dynamik, Stärke und Dauer von Zusammenhängen werden mit Hilfe von Indikatoren mess- und nachvollziehbar gemacht. Angesichts dieser Komplexität und Vielfalt der in die Standortökonomie einfließenden Eingangsdaten liefert diese überraschend klare und strukturierte Aussagen, Hinweise auf geeignete Maßnahmenoptionen. Der Stellenwert der für den Standort wichtigen Erfolgsfaktoren wird deutlich und damit die notwendige Voraussetzung für die Prioritätensetzung von erforderlichen Aktivitäten geschaffen. Es wird untersucht, wie gut der Standort tatsächlich aufgestellt ist und wo sich durch Bündelung der Kräfte zusätzliche Profilierungschancen bieten. Vor allem kleinere Standorte stehen vor der Frage, wie sie in einem sich immer mehr verschärfenden internationalen Wettbewerbsumfeld ihre wirtschaftliche Zukunft sichern können. Ein allen gemeinsamer strategischer Eckpfeiler: ihre jeweils spezifischen Standortvorteile. Zur besseren Steuerung wird das "Standortkapital" in die Dimensionen Human-, Struktur- und Beziehungskapital gegliedert. In der Praxis bedeutet dies die Konzentration auf eine begrenzte Anzahl von Aktivitäten sowie eine gezielte Pflege der für den Erfolg besonders wichtigen Standortfaktoren. Die Standortökonomie der weichen Faktoren macht deutlich, wie der Standort in seinem Inneren und seinen Außenbeziehungen funktioniert, gemeinsame Zielsetzungen können damit besser aufeinander abgestimmt werden. Die konsequente Systematik weicher Faktoren beseitigt ein hohes Maß an methodischer Unsicherheit und erfüllt bereits durch die Konzipierung (z.B. eines Bewertungs- und Indikatoransatzes) einen hohen Bedarf an Standard setzenden Initiativen.

Unterschiedslinie zwischen Innen- und Außenansichten eines Standortes - wenn das einzig Beständige der Wandel ist, so stehen dynamische Gebilde wie Standorte mittendrin - die Beherrschung des Wandels gehört zum Tagesgeschäft der Kommunalverwaltung im Allgemeinen sowie der Wirtschaftsförderung im Besonderen

Je nachdem, wer jeweils befragt wird, hat oft unterschiedliche Standortfaktoren in seinem Blickfeld oder vertritt eine andere Ansicht, welche hiervon für ihn nun wichtig oder weniger wichtig sind. Die größte Unterschiedslinie dürfte dabei zwischen Innen- und Außenansichten eines Standortes verlaufen. D.h. zwischen bereits vor Ort befindlichen Einwohnern und Firmen, die sich tagtäglich mit der Alltagspraxis des Standortes konfrontiert sehen und für die manchmal auch schon beim ersten Hinsehen nur als Kleinigkeiten erscheinende Standortfaktoren von immenser Bedeutung sein können. Und jenen, die wie beispielsweise die meisten Ansiedlungsinteressierten zunächst quasi nur aus der Vogelperspektive von außen oder oben auf einen Standort schauen und „innere" Faktoren und mehr unter der Oberfläche verlaufende Wirkungsbeziehungen noch gar nicht richtig wahrnehmen können bzw. nur eine geringe Aufmerksamkeit schenken. Auch innerhalb eines Standortes ist die Wahrnehmung von Standortfaktoren kaum einheitlich. Zu differenziert sind nicht nur die Interessen, sondern auch die Wahrnehmungsbilder. Um nur einige der wichtigsten Gruppen zu nennen: zum einen sind da die Standort-Verantwortlichen mit ihren unterschiedlichen Verwaltungsfunktionen und politischen bzw. kommunalpolitischen Ansichten und Meinungen. Bestimmt nicht weniger wichtig wird die mit Abstand zahlenmäßig größte Gruppe durch die Einwohnerschaft mit ihren unterschiedlichen sozialen und altersmäßigen Gruppierungen gebildet. Und die Haushalte des Standortes werden zu großen Teilen von den vor Ort tätigen Gewerbesteuerzahlern getragen. Allein aus diesen Beispielen wird deutlich, welche Schwierigkeiten auftreten können, eine klare Aussage darüber zu treffen, was ein Standort ist und (noch schwieriger) was ein Standort sein will.

Eine genaue und übereinstimmende Definition dessen, was unter dem jeweiligen Standort zu verstehen ist, dürfte am einfachsten bei seiner räumlichen Abgrenzung zu erreichen sein. Denn die rein geographischen Grenzen lassen sich meist eindeutig, transparent nachvollziehbar und damit zweifelsfrei bestimmen. Bei weiteren Standortfaktoren wird die Sachlage schon komplizierter. Alles zuvor Gesagte ändert jedoch nichts an der Notwendigkeit, über das Instrument der Standortfaktoren einen gemeinsamen Nenner finden zu müssen. Erst Standortfaktoren machen einen Standort nicht nur fühl- und erlebbar, sondern geben dem Standort auch ein Bild, das nicht nur vor Ort, sondern auch nach außen gegenüber Dritten vermittelbar ist. Viele der vermeintlich nur „gefühlten" Tatbestände können über Standortfaktoren eine auch transparent nachvollziehbare Quantität erhalten: Standorte sind auch nicht an sich einfach gut oder schlecht. Vielmehr sind sie geeignet oder nicht geeignet. Dieser Zustand lässt sich am besten durch Vergleiche verschiedener Standorte, d.h. die Relation ihrer Eigenschaften zueinander, feststellen. Diese Vergleichbarkeit, d.h. die Brücke zwischen verschiedenen Standorten oder die Brücke intern zwischen Sektoren und Segmenten eines Standortes, lässt sich am schnellsten, einfachsten und übersichtlichsten über Standortfaktoren herstellen.

Wenn das einzig Beständige der Wandel ist, so stehen derart dynamische Gebilde wie ein Standort mittendrin. Die Beherrschung des Wandels gehört zum Tagesgeschäft der Kommunalverwaltung im Allgemeinen sowie der Wirtschaftsförderung im Besonderen. Wandel ist also nichts Neues, sondern hat zu allen Zeiten stattgefunden. Was sich aber am Prozess des Wandels, nicht zuletzt ausgelöst durch eine globale Finanz- und Wirtschaftskrise, in jüngster Zeit geändert hat: der Wandel wird offenbar weniger vorhersehbar, der Wandel erfolgt in immer kürzeren Abständen, der Wandel zeigt sich in immer heftigeren Ausschlägen, der Wandel ist nicht mehr lokal begrenzt, der Wandel zeitigt immer gravierende Folgen und Auswirkungen für die gesamte Bevölkerung. Ähnlich dem Klimawandel müssen sich somit auch Standorte auf Wandel einstellen. Auch hier wird es Verlierer und Gewinner geben. Was in der Wirtschaft unter dem Oberbegriff „Change Management" verstanden wird, muss somit auch für einen Standort und dessen Wirtschaftsförderung zur Selbstverständlichkeit werden. Für die Wirtschaftsförderung dürfte es hierbei schwierig werden, solange sie nicht über ein ausgefeiltes Indikatoren-Instrument verfügt.

Bündeln der Standortfaktoren, Grundzüge der Segmentierung: Die Wegstrecke, die zwischen beispielsweise Wirtschaftsförderung und Standortmarketing liegt, ist verschwindend klein. In der Praxis sind beides eng miteinander verbundene Geschwister mit dem gleichen Ziel, nämlich einen Standort nach vorne zu bringen und seine Potenziale zum Wohle seiner Bewohner bestmöglich auszunutzen und zur Geltung zu bringen. Ganz ähnlich verhält es sich unter räumlicher Betrachtungsweise mit der Stellung zwischen Standortmarketing und dem allgemeinen Marketing im wirtschaftlichen Umfeld der Unternehmen. In beiden Fällen haben wir es auch hier mit Märkten und Zielgruppen zu tun. Vergleichbar den Unternehmen, die ihre Produkte und Dienstleistungen auf Märkten anbieten und dabei unterschiedliche Zielgruppen von Nachfragern, Interessenten und Kunden im Blickfeld haben müssen, sind Standorte darauf angewiesen, den unterschiedlichen Interessenlagen verschiedener Zielgruppen wie beispielsweise denen von Einwohnern, sozialen Gruppen, ortsansässigen Firmen, ansiedlungsinteressierten Unternehmen und Investoren Rechnung tragen zu müssen. Um sich besser auf zielgruppenspezifische Anforderungen einstellen zu können, bedient sich das Marketing der Unternehmen mit Verfahren der Segmentierung seit langem der Bildung von homogenen Zielgruppen, um möglichst zielgenau operieren zu können. Insofern erscheint es angebracht, sich auch im Zusammenhang mit Fragen der Wirtschaftsförderung und Standortentwicklung mit aus dem Marketing der Unternehmen stammenden Grundzügen der Segmentierung vertraut zu machen.

Rasterung von Aktionsfeldern: Märkte wie auch Standorte sind keine monolithischen Blöcke, sondern bestehen aus einer Vielzahl von unterschiedlichen Segmenten. Es kommt darauf an, dass ein Unternehmen respektive ein Standort in seinen eigenen Marktsegmenten über genügend Ressourcen und Potenziale verfügt, um erfolgreich sein zu können. Die Segmentierung eines Zielmarktes, d.h. die genaue Definition und Abgrenzung des Aktionsfeldes ist ein grundlegendes Planungselement für die Zukunft. Im Vordergrund der Segmentierung steht immer die möglichst detaillierte Kundenanalyse. Wer als Kunde zu betrachten und dementsprechend zu behandeln ist, zählt im Marketing der Unternehmen mehr oder weniger zu den alltäglichen Selbstverständlichkeiten. Nicht ganz so selbstverständlich dürfte dies im Bereich und Handeln eines Standortes sein. Ganz abgesehen davon, dass die Zielgruppen eines Standortes im Normalfall nur sehr viel unschärfer definiert sein dürften, könnte in manchen Fällen auch bezweifelt werden, ob überhaupt eine Erkenntnis und Bereitschaft darüber genügend gereift und ausgebildet ist, dass man den unterschiedlichen Interessengruppen eines Standortes überhaupt einen Kundenstatus zusprechen will.

Genauso wie der Markt letztlich bestimmte Verhaltensweisen von Unternehmen erzwingen kann, wird sich auch auf der verantwortlichen Standortebene über kurz oder lang der Zwang verstärken, wenn nicht aus eigener Erkenntnis und Einsicht heraus, dann doch den Gesetzen des Marktes folgend, sich diesem Kundengedanken und den damit verbundenen Marketinginstrumenten zu öffnen. Dabei sind Standorte keine monolithischen

Blöcke, sondern bestehen aus einer Vielzahl von unterschiedlichen Segmenten. Es kommt darauf an, dass ein Standort in seinen Zielsegmenten über genügend Ressourcen und Potenziale verfügt, um erfolgreich sein zu können. Die Segmentierung, d.h. die genaue Definition und Abgrenzung des Aktionsfeldes ist ein grundlegendes Planungselement für die Zukunft. Die Ordnung der Standortfaktoren erhöht die Transparenz und ermöglicht das Erkennen von Potenzialen. Aufgabe der Segmentierung ist die Bildung von Faktorengruppen mit einer weitgehend homogenen Problemlandschaft, weitgehend homogenen Leistungsvorstellungen. Und: Auflösung heterogener Strukturen, d.h. Zerlegung des Standort-Portfolios in homogene Teilgruppen, Analyse von Segmentierungsmerkmalen zur Beschreibung des strategischen Handlungsspielraums. Vielleicht müssen im Bereich von Standorten die Segmente nicht bis auf kleinste Merkmalseinheiten hin unterschieden werden. Trotzdem gilt auch hier, dass eine später zu entwickelnde Standortstrategie umso erfolgreicher gestaltet werden kann, je zielgenauer und trennschärfer die einzelnen Segmente auf spezifische Bedürfnisse und Anforderungen hin ausgerichtet werden können. Mit Hilfe von Segmentierungsverfahren können die wichtigsten Kriterien und Stärken herausgearbeitet werden: für jedes Segment können bestimmte Strategien unterlegt werden, nach denen unterschiedliche Aktivitäten entwickelt werden, in Verbindung mit derart aufgebauten Segmenten lassen sich Hinweise für differenzierte Maßnahmen gewinnen. Zum Abschluss dieses aus dem Marketing übernommenen Ansatzes: ausgehend von Clustern, die jeweils nur einen der zu klassifizierenden Standortfaktoren enthalten, werden die verbleibenden Faktoren sukzessive denjenigen Clustern zugeordnet, zu deren Zentrum sie den geringsten Abstand aufweisen. D.h. mit der Clusteranalyse können Elemente (Fälle) so in Gruppen gebündelt werden, dass einerseits die Gruppen in sich möglichst homogen sind, andererseits die Unterschiede zwischen den Gruppen möglichst hoch (heterogen) sind.

Ergänzung Standort-Benchmarking und Einholung ergänzender Dritt-Meinungen, dem Geheimnis erfolgreicher Standorte auf die Spur kommen: greift der Standort auch auf Fremdeinschätzungen zurück, so wird er quasi automatisch dazu gezwungen sich nicht ständig nur von innen, sondern verstärkt durch die Brille des Marktes (potentiellen Ansiedlern) zu sehen. Die standortverantwortlichen Entscheidungsträger erhalten Maßstäbe und Kennzahlen, die ihnen Hinweise geben, was intern zu machen ist, um den Erwartungen des Marktes zu genügen. Hat der Standort die Möglichkeit, die Ausprägungen seiner eigenen Standortfaktoren mit anderen Standorten zu vergleichen? Wo steht der eigene Standort im Wettlauf um die klügsten Köpfe und innovativsten Ideen? Dadurch wird ermöglicht, Hinweise auf seine Positionierung zu anderen zu erhalten und den Eindruck des "Was machen die anderen?" als Ausgangspunkt für das kritische Hinterfragen der eigenen Aktivitäten heranzuziehen. Lässt sich aus Beispielen der Umfeld-Beobachtung so etwas wie ein Muster herauskristallisieren? aus dem sich vielleicht Handlungsstränge für den eigenen Standort ableiten lassen? Standort-Benchmarking liefert Anhaltspunkte und lehrreiche

Hilfestellung für die Gestaltung wirtschaftlicher Entwicklung am eigenen Standort:

Es soll ein Werkzeug zum Vergleich von Indikatoren sowie zur Unterstützung von Best-Practice-Verfahren entwickelt werden: es sollen Leistungsabweichungen zu anderen Standorten identifiziert werden, es sollen Praktiken entdeckt und verstanden werden, die bessere Ergebnissen ermöglichen. Durch Entdeckung von bereits bestehenden, besseren Lösungswegen soll das Aufbrechen ineffizienter, verkrusteter Strukturen unterstützt werden. *Vorbereitungsphase:* Festlegung des Benchmarking-Standortes, Festlegung des Benchmarking-Teams, Festlegung von Indikatoren zur Leistungsbeurteilung. Analyse: Sammlung von Informationen, Indikatoren-Vergleiche, Suche nach Best Practices, Aufbereitung der Ergebnisse. *Umsetzung*: Auswertung der Analyse, Planung von Umsetzungsmaßnahmen, Realisierung der Umsetzungsplanung, Kontrolle des Umsetzungsprozesses. Der Standort erhält Hinweise auf seine Positionierung im Vergleich zu ähnlichen Standorten und einen Eindruck des "Was machen die anderen ?" als Ausgangspunkt für das kritische Hinterfragen der eigenen Aktivitäten. Die Methode Benchmarking ist Kern eines kontinuierlichen Verbesserungsprozesses: Benchmarking-Werte und Best-Practice-Vorgehensweisen liefern wichtige Restrukturierungs-Impulse. Benchmarks dienen als Ziel- und Orientierungsgrößen zur Positionierung und Richtungsbestimmung des Standortes.

Im Gegensatz zu anderen Verfahren ist Benchmarking eine sehr wirtschaftliche Methode, um realistische Potenziale und Optimierungsideen zu generieren. *Benchmarking-Vorteile*: Ermöglichen einer Standortbestimmung der eigenen Leistungen im Vergleich zu anderen, Entwicklungspotenziale können im Vergleich mit anderen gezielt aufgespürt werden, der Blick über den Tellerrand beugt Standortblindheit vor, bereits anderswo erfolgreich umgesetzte Prozesse verkürzen die Umsetzung und geben Sicherheit, die für Benchmarking entwickelten Instrumente und Kennzahlen können für eigene Planungen genutzt werden. *Einholung ergänzender Dritt-Meinungen:* nachdem die Standortanalyse zunächst vorwiegend aus eigener Sicht, quasi mit Blick von innen heraus, erstellt wurde, empfiehlt sich das Hinzuziehen von ergänzenden und möglicherweise korrigierenden Dritt-Meinungen. Es geht darum, das nur aus dem eigenen Blickwinkel intern erstellte Profil des Standortes analog mit dem Profil aus dem Blickwinkel von externen, möglichst unabhängigen Bewertungen, Ansichten und Meinungen zu vergleichen. Aus den hierbei festgestellten Abweichungen und Bewertungslücken lassen sich wertvolle Hinweise, Erkenntnisse und Rückschlüsse für das weitere Vorgehen gewinnen (wie wird das Leistungs- und Angebotsprofil des Standortes von ortsansässigen Firmen, von ansiedlungsinteressierten Investoren beurteilt? wo ergeben sich beim direkten Vergleich zwischen Eigen- und Fremdbildanalyse Diskrepanzen? was sind die Gründe hierfür, welches sind die Auswirkungen? nach welchen wesentlichen Kriterien bewerten externe Dritte den Standort? wie bewerten Externe den Standort im Vergleich zu konkurrierenden Standorten? wo liegen für die Zukunft die Erwartungen an die weitere Entwicklung des Standortes ?).

Konzentration der Ressourcen: es geht darum, sich auf die zuvor identifizierten Einflussfaktoren mit dem größten Potenzial zu konzentrieren: aus den Analysen werden solche Maßnahmen abgeleitet, die für den Standort die beste Entwicklung versprechen. Ziel ist es, das Standortkapital weiter entwickeln, um den Geschäftserfolg zu steigern. *Einzelschritte*: diskutieren, ob Maßnahmen sinnvoll sind, Namen und Ziele von Maßnahmen notieren, beschreiben, wie man vorgehen wird, Dauer der Maßnahme definieren, bestimmen, wann die Maßnahme umgesetzt werden soll, Wirkung der Maßnahme einschätzen und beschreiben, Verantwortliche benennen, Ressourcen festlegen. Definition von Maßnahmen auf Basis der Informationen aus den vorangegangenen Arbeitsschritten: mit Hilfe dieser Unterlagen stehen alle Informationen bereit, um im Detail nachzuvollziehen, welche Defizite bestehen, die durch die zu definierenden Maßnahmen ausgeglichen werden sollen und welche Auswirkungen diese Verbesserungen innerhalb der Standortfaktoren haben würden. Bevor konkrete Maßnahmen definiert werden, sollte geklärt werden, bei wie vielen Einflussfaktoren interveniert werden soll: dabei sollte bewusst eingegrenzt werden, denn zu viele Interventionen auf einmal können leicht zu unkontrollierbaren Nebeneffekten führen und die Umsetzung erschweren.

Aufbereitung von Indikatoren und Bewertungs-Checklisten auf verschiedenen Ebenen der Standortvermessung einbauen – die Standortökonomie kann gleichzeitig als Moderator und Impulsgeber fungieren und für mehr Transparenz und Nachvollziehbarkeit in komplizierten Debatten und Entscheidungsprozessen sorgen

Manche Indikatoren werden nur auf einer Ebene oberhalb des Standortes erhoben, d.h. Geltungsbereich der Indikatoren und Bilanzierungsbereich der Standort-Vermessung sind nicht deckungsgleich. In diesem Fall wären zunächst zwei Fragen zu prüfen: a) können die oberhalb der Standortebene, beispielsweise für Kreis, Region oder Land ermittelten Indikatoren ohne Änderungen für den Standort übernommen und übertragen werden? b) sollen oder müssen die für eine übergeordnete Ebene ermittelten Indikatoren für spezielle Zwecke des Standortes und seiner Vermessung noch weiter verfeinert und auf die Ebene der Vermessung herunter gebrochen werden? Wenn Indikatoren extern verfügbar sind, so sind sie dies nicht nur für den speziell zu vermessenden Standort, sondern auch für andere. D.h. für die Vermessung des Standortes müssen diese Indikatoren, um entsprechende Rückschlüsse ziehen zu können, weiter aufbereitet werden. Hierfür naheliegend wäre, zunächst einmal Durchschnitte zu bilden. Vorab ist zu überlegen, welche der Indikatoren in diesen Durchschnitt einbezogen werden sollen. Im nächsten Schritt wäre der zu vermessende Standort in Relation zu diesem Durchschnitt zu setzen, die jeweiligen Abweichungen hiervon sollten analysiert und interpretiert werden. Weiterführend könnten Vergleiche vorgenommen werden, in die gezielt etwa konkurrierende Einzelstandorte einbezogen werden. Sind den politisch oder fachlich Verantwortlichen andere Standorte bekannt, die als „Klassenbester" eingestuft werden könnten, wäre für die Gewinnung weiterer Rückschlüsse eine Benchmark-Studie zu überlegen.

Jeder der zuvor gewichteten Standortfaktoren muss für sich einzeln bewertet werden. Jeder einzelnen Bewertung sollte ein möglichst ausführlicher Fragenkatalog vorangestellt werden, mit dem für jeden der Standortfaktoren quasi eine Bewertungs-Checkliste erstellt wird. Wenn also in dem System der Vermessung der Standorte diese Stufe der an jeden einzelnen Faktor zu formulierenden Fragen eingebaut wird, wird damit auch eine zwangsläufige Auseinandersetzung mit den Faktoren des Standortes in Gang gesetzt. Danach werden für jeden einzelnen Standortfaktor drei Bewertungen durchgeführt: a) nach seiner Quantität, b) nach seiner Qualität und c) nach seiner Systematik. Jede dieser drei Bewertungen wird ihrerseits wiederum ausführlich begründet. Wenn jeder der zuvor identifizierten und gewichteten Standortfaktoren dem mehrstufigen, nachfolgend graphisch dargestellten Bewertungsprozess unterzogen wird, entsteht hieraus ein durchdachtes und anhand konkreter Bewertungsziffern intern und extern nachvollziehbares Bild des Standortfaktors. Aus diesen zahlreichen Einzelbildern lässt sich für die Vermessung der Standorte ein ebenso konturscharfes wie auch genaues Gesamtbild erstellen. Für die Bewertung der Standortfaktoren können beispielsweise %-Zahlen von 0 bis 120 % oder dementsprechende Punktzahlen von 0 bis 12 Punkten vergeben werden. Es kommt nicht immer nur unbedingt auf die absolute Höhe dieser Werte an. Wichtig ist vielmehr, dass die Werte in der richtige Relation zueinander vergeben werden. Wenn alle Werte immer nur im Höchstbereich liegen wäre dies eher ein Hinweis darauf, dass insgesamt zu hoch bewertet worden ist. Nur 100%-Bewertungen würden schlichtweg bedeuten, dass der Standort keine weiteren Potenziale mehr auszuschöpfen hat und man sich deshalb der Passivität hingeben könnte. D.h. es wäre ein kaum realistisches Bild das einer Überprüfung standhalten würde. Werte über 100 % oder 10 Punkte könnten auf eine Übererfüllung hindeuten. Hier sollte man hinterfragen, ob Möglichkeiten bestehen, Potenziale auch an anderer Stelle nutzen zu können.

Bewertung der definierten Standort-Geschäftsprozesse, beispielsweise Planung, Kontrolle, Messung, Bewertung, Wird der Standort zur Förderung des Fremdenverkehrs, des lokalen Einzelhandels u.a. attraktiv präsentiert und mit seinen Vorzügen akzentuiert in Szene gesetzt gibt es ein ausgebautes Citymarketing? gibt es im Internet eine auf relevante Zielgruppen punktgenau ausgerichtete Präsenz? ist bekannt, auf welche Standortfaktoren Unternehmen besonders achten und Wert legen? wird ein virtueller Marktplatz genutzt, um allen örtlichen Unternehmen (z.B. Arztpraxen, Handwerksbetriebe ohne eigene Homepage) eine Basisdarstellung zu ermöglichen? werden Unternehmen mit eigener Internet-Präsenz durch Links in den Internetauftritt des Standortes eingebunden? wird ein Gewerbemonitor durchgeführt, um in regelmäßigen Abständen die Standortzufriedenheit u. Loyalität der ortsansässigen Firmen zu ermitteln? *Bewertung der definierten Standort-Erfolgsfaktoren*, beispielsweise Existenzgründungshilfen, Mittelstandförderungen, Beratungshilfen, regionale Förderprogramme des Standortes. Nähe zu Forschung und Entwicklung, High-Tech-Strategien, Innovationsmanagement. Standortbezogene Kostenfaktoren (Energie, Hebesätze, Gebühren u.a.). Attraktivität, Image, Rahmenbedingungen des Standortes. Standort-Finanzen/ Entwicklungspotenziale/-Handlungsspielräume/ -Risiken. (gibt es Hinweise, Links auf Förderdatenbanken? gibt es relevante Links zu Verbänden, IHK, Bund, Ländern? gibt es praktische Hilfen für ansässige Firmen und potentielle Ansiedlungswillige? gibt es lokale Förderhilfen/-mittel? gibt es Startup-Beratungen, Business-Angels? werden interaktive Werkzeuge (z.B. Marketing-, Finanzplaner) zur Verfügung gestellt? gibt es Forschungs- und Entwicklungskooperationen? wird die Zusammenarbeit zwischen Wirtschaft und Wissenschaft angeregt, gefördert? gibt es eine steuerliche Konkurrenz zu benachbarten Standorten? gibt es innerhalb des Ballungsraumes eine starke Differenzierung der Steuersätze? haben wir sehr gute Kenntnisse über die Konkurrenzsituation des Standortes? wird versucht, mögliche Aktivitäten von Standortkonkurrenten zu antizipieren? wird untersucht bzw. ist bekannt: warum wächst der Standort (Globaleffekte, Struktureffekte, Regionaleffekte)? Ist die Kommunalpolitik zuverlässig, sind politische Entscheidungen zu Rahmenbedingungen des Standortes berechenbar? gibt es Einflüsse von Zufälligkeiten?)

Regionalökonomische Verflechtungen - In einem Agglomerationsraum können Teilregionen nicht mehr isoliert, sondern müssen im Kontext mit der Gesamtregion betrachtet werden – nach Checkliste vorgehen: ein Wirtschaftsraum orientiert sich an dem ihm innewohnenden Beziehungsgeflecht. Administrativ gesteckte Grenzen spielen im Vergleich hierzu eine eher weniger bedeutsame Rolle. Beispielsweise überschneiden sich im Großraum Rhein-Main-Neckar zwei Metropolregionen, von denen bereits jede für sich gesehen über ein hohes Wirtschaftspotential verfügt. Schlussfolgerung hieraus: die Metropolregionen an Rhein-Main und Neckar können nicht getrennt voneinander gedacht werden. Die räumliche Nähe von Firmen und Einwohnern vernetzt über Kooperationen und persönliche Kontakte die Pendlerräume. Beispielsweise: der eng vernetzte Großraum Rhein-Main und Neckar umfasst die Standorte Hanau, Frankfurt, Mainz, Ludwigshafen, Heidelberg und Darmstadt (Südhessen ist weder in die eine noch in die andere Metropolregion so richtig integriert. Darmstadt hat so etwas wie eine Scharnierfunktion zwischen beiden Regionen). In einem solchen Agglomerationsraum können Teilregionen nicht mehr isoliert, sondern müssen im Kontext mit der Gesamtregion betrachtet werden. Interdependenzen lassen sich u.a. auch mit dynamischen Wirkungsnetzen von Standortbilanzen darstellen. Vor einem wirtschaftlichen Hintergrund geht es um Wertschöpfungsketten, Lieferbeziehungen, Standortentscheidungen der Firmen und

Haushalte, Unternehmensstrategien, Clusterbeziehungen, Arbeitsmärkte und Pendlerströme. Bei Erfolgsfaktoren dichter Wirtschaftsräume spricht man u.a. von knowledge spillovers (Austausch von Ideen und Wissen) oder urbanization economics (Agglomeration von Firmen aus verschiedenen Industrien).

Ballungsräume verfügen über eine starke Gravitation: die Agglomerationskräfte innerhalb einer Metropolregion verstärken sich gegenseitig (self reinforcing effects). Dabei entstehende Kostenvorteile werden an die im Wirtschaftsraum vernetzten Firmen weitergegeben. Innerhalb eines durchschnittlichen Fahrzeitpuffers von 50 Minuten gibt es Bereitschaft, zum Arbeitsplatz zu pendeln. Standorte im Bereich von Agglomerationsräumen weisen intensive Pendelbeziehungen auf und bieten damit die Möglichkeit, sich über eine große Fläche hinweg anzusiedeln. Weiter außerhalb liegende Standorte können kaum auf eine damit vergleichbare ökonomische Verflechtung verweisen: über die gemeinsame Nutzung der speziellen Ressourcen einer Metropolregion können Kostenvorteile erzeugt werden und diese wiederum innerhalb des Clusters weitergegeben werden. Das gute Entwicklungspotential der innerhalb eines Agglomerationsraumes liegenden Standorte ist die eine Seite. Die Ausschöpfung der vorhandenen Potenziale ist die andere Seite, die von den vor Ort verantwortlichen Standortakteuren nicht nur erkannt, sondern konsequent umgesetzt werden müsste

Nach Checkliste vorgehen: grundsätzlich muss eine Maßnahme im Vergleich zu mehreren Alternativen zweckmäßig sein, bewertet und kompetent beschlossen sein. Zur Umsetzung der betreffenden Maßnahme muss es einen Verantwortlichen, eine Durchführungskontrolle und einen möglichst genauen Terminplan geben. Die Ergebnisse einer solchen Maßnahmenplanung beinhalten eine Bewertung (Kosten-, Nutzenanalyse) und Abschätzung des jeweiligen Zielbeitrages. *Name der Maßnahme:* der Maßnahme einen sprechenden Titel geben. *Ziel/Ergebnis*: welche wesentlichen Ziele werden verfolgt? *Vorgehen:* was ist zu tun? In welcher Reihenfolge sollen welche Schritte umgesetzt werden? *Dauer (in Monaten):* Für welchen Zeitraum ist die Maßnahme angesetzt? Wann soll das Ziel erreicht sein? *Status*: in Planung/in Bearbeitung/abgeschlossen. *Start:* wann wird angefangen? *Wirkungsprognose:* Welche Auswirkungen innerhalb des Standortkapitals sind zu erwarten? Was bewirkt die Maßnahme direkt/ indirekt? *Verantwortlich/Ressourcen*: Wer ist für die Umsetzung und die Zielerreichung verantwortlich? Wer arbeitet mit? *Einflussfaktoren:* auf welche Einflussfaktoren soll die Maßnahme wirken? Wie sind diese aktuell bewertet? *Indikatoren:* mit welchen Kennzahlen können die angestrebten Veränderungen am besten gemessen und überwacht werden? Welche Soll-Werte müssen die Indikatoren annehmen, um das Ziel zu erreichen?

In einem methodisch durchgängigen System der Standortökonomie kommt es ebenfalls darauf an, dass alle für den Standort vorgesehenen Maßnahmen mit einer einheitlichen Struktur erfasst und verarbeitet werden können, beispielsweise mit Definition, Ziel/Ergebnis, Vorgehen, Dauer (Monate), Status (in Planung, in Bearbeitung oder abgeschlossen, Start-Termin, Wirkungsprognose, Verantwortlich/Ressourcen. Die Standortökonomie hilft, die besten Maßnahmen zu planen, diese auf die richtigen Faktoren auszurichten und insbesondere den Maßnahmenerfolg in nachfolgenden Bilanzierungszyklen immer wieder zu überprüfen und mittels Indikatoren zu messen. Die Standortökonomie kann gleichzeitig als Moderator und Impulsgeber fungieren und für mehr Transparenz und Nachvollziehbarkeit in komplizierten Debatten und Entscheidungsprozessen sorgen.

Im Strukturwandel der Standorte wächst mit der Mobilität die Kommunikationsintensität – potentielle Investoren haben das größte Interesse daran sowohl die Visionen und Ziele als auch ggf. anzutreffende Standortfaktoren einschließlich aller Erfolgsindikatoren zu verstehen

Regionalisierung und Reurbanisierung - Renaissance der Stadtkerne: zwischen Stadtentwicklung und räumlicher Mobilität bestehen komplexe Wechselbeziehungen. Die Stadtentwicklung schafft Rahmenbedingungen für die Mobilität. Räumliche Mobilität ihrerseits verändert im Gegenzug wiederum die Stadt. Eine Renaissance der städtischen Kerne führt zur Abnahme der PKW-Verkehrsnachfrage. Ein gut ausgebauter öffentlicher Nahverkehr erübrigt Parkplatzsuche und Stehen im Stau. Standortentscheidungen (sowohl der Haushalte als auch der Unternehmen) stehen in dynamischen Wirkungsbeziehungen zu Entwicklungen von räumlichen Strukturen. Wichtige Bezugspunkte im Raum bestimmen wesentlich das Handlungsfeld für Standortentscheidungen. Die Alltagsmobilität unterliegt tiefgreifenden gesellschaftlichen Veränderungen. Es geht um unterschiedliche Entwicklungen u.a. bei Regionalisierungs- und Reurbanisierungsprozessen. Wenn es um die Wechselbeziehungen zwischen Mobilitäts- und Standortfaktoren geht, stehen ältere Menschen und Jugendliche besonders im Fokus.

Beispielsweise wird beobachtet: nach einem Jahrhundert mit rasantem Verkehrswachstum sind Menschen heute eher weniger unterwegs. Der Stagnation der alltäglichen Wege steht ein Zuwachs im Fernverkehr gegenüber. Auf der einen Seite stehen Internet und Smartphone, auf der anderen Seite immer mehr Interkontinentalflüge und ein Rückgang alltäglicher Pendel-, Einkaufs- und Freizeitwege. Nicht selten gibt es eine multilokale Lebensweise an mehreren Orten: hybride Mobilitätsformen mit halb Pendelverkehr und halb Umzug. *Räumliche Wirkungen:* der PKW ermöglichte nach dem Kriege vieles für breite Bevölkerungsschichten: viele zogen ins Umland der Städte und verwandelten Dörfer in Vorstädte. Der ländliche Raum wechselte seinen Charakter zum suburbanen Raum: die lange wirkenden Zentrifugalkräfte der Suburbanisierung bewegen sich hin auf eine beginnende Reurbanisierung, die Attraktivität der Städte steigt: der Anschluss zur Fernreise über Flughafen oder ICE-Bahnhof liegt nicht weit. Städte sind als ökonomische Knotenpunkte enger in die immer stärker werdenden globalen Wirtschaftsverflechtungen eingebunden. Auch die Reurbanisierung hat ihre Grenzen: größerer Wohnflächenbedarf macht bereits heute Probleme. Auch der bereits spärliche Grünflächenbestand muss erhalten werden und kann kaum für den Bau zusätzlichen Wohnraums hergenommen werden. Der PKW ermöglichte nach dem Kriege vieles für breite Bevölkerungsschichten: viele zogen ins Umland der Städte und verwandelten Dörfer in Vorstädte.

Kommunikationsintensität wächst rasant: die Intensität der Kommunikation zwischen der Standort-Wirtschaftsförderung und potentiellen Investoren wird sich in Zukunft weiter verstärken: potentielle Investoren haben das größte Interesse daran sowohl die Visionen und Ziele als auch ggf. anzutreffende Standortfaktoren einschließlich aller Erfolgsindikatoren zu verstehen. Hierfür ist eine entsprechende Bereitstellung geeigneter Informationen seitens des Standortes unverzichtbar. Voraussetzung hierfür ist, dass der Standort über alle Fakten im eigenen Bereich genauestens informiert ist, Zahlen transparent aufbereiten und offen kommunizieren kann. Die Standortbilanz ist in diesem Zusammenhang ein äußerst effektives Instrument, für das vor allem kleinere Standorte noch großen Aufholbedarf haben. Die mit Hilfe der Standortökonomie systematisierten weichen Faktoren bilden zunehmend mehr eine wichtige Grundlage für erfolgreiche Investorenkontakte sowie ein positives Auswahl-Rating. Die Wirtschaftsförderung wird unterstützt, sich optimal auf das Investorengespräch vorzubereiten: schwarz auf weiß erhält man einen umfassenden Überblick über den Status des Standortes. Die hierbei anfallenden Auswertungen machen nicht nur auf mögliche Schwächen aufmerksam, sondern geben auch wertvolle Hinweise auf die einzuschlagende Richtung einschließlich hierbei realisierbarer Potentiale. Ergebnis: Das Procedere wird abgekürzt/erleichtert, d.h. für Investorengespräche bleibt somit mehr Zeit für das Wesentliche.

Bewertung der definierten Standort-Humankapitalfaktoren, beispielsweise Einwohnerstruktur, soziales Umfeld, Sicherheit. Kaufkraft, verfügbares Einkommen, Konsumverhalten. Intellektuelles Wissenskapital, Kompetenznetzwerke. Arbeitskräftepotential, vor Ort verfügbare Fachqualifikationen. eGovernment, kommunale Kompetenzen/Verwaltungsprozesse. Gibt es Initiativen, die es Menschen erleichtern, vor Ort Familie und Beruf miteinander zu verbinden?'wird eine Betreuung angeboten, die sowohl qualitativ als auch von den Zeiten her maßgeschneidert ist, um eine Berufstätigkeit mit Kindern zu vereinbaren? bezüglich der 3-T-Standortfaktoren Technologie, Talent, Toleranz: gibt es am Standort ein offenes, kreatives Umfeld? liegen aktuelle Kaufkraftkennziffern zum verfügbaren Einkommen vor? gibt es Informationen zum Konsumverhalten am Standort? wird das vorhandene Wissen des Standortes in einer Datenbank oder regelmäßigen Treffen zum Wissensaustausch zusammengeführt? werden am Standort verfügbare Kernkompetenzen gesichert, z.B. durch das Denken in Netzwerken? werden Kompetenzen in Netzwerken gebündelt? sind am Standort in ausreichender Anzahl fachlich qualifizierte Mitarbeiter verfügbar? gibt es Auswertungen über den Ausbildungsstand der Arbeitskräfte als Voraussetzung für die Innovationsfähigkeit des Standortes? gelingt es, im Rahmen der Kommunikationsstrategie des Standortes, auch Arbeitgeberqualitäten zu platzieren? können Genehmigungsverfahren elektronisch medienbruchfrei abgewickelt werden? gibt es das virtuelle Rathaus unabhängig von Öffnungszeiten?)

Bewertung der definierten Standort-Strukturkapitalfaktoren beispielsweise Dichte, Zustand des Wege- und Leitungsnetzes, Gewerbeflächen, Versorgungseinrichtungen, Schulen, Kindergärten, Bildungs- und Kultureinrichtungen, Gesundheitseinrichtungen, Sport- und Freizeitanlagen, Naherholungsgebiete u.a. Sind bei Gewerbeimmobilien die aktuellen Leerstandquoten bekannt? wird zwischen strukturellem Leerstand und zyklischen Angebotsüberhängen differenziert? sind die Anforderungen von Bestandsmietern mit sich ändernden Flächenanforderungsprofilen bekannt, werden diese umfassend betreut? wie ist das Verhältnis zwischen zusätzlichem Bedarf an Wohnungen zu neu gebauten Wohnungen? werden neue Wohnungen durch Nachverdichtungen im Bestand oder nach neuem Baurecht errichtet? gibt es Projekte für Mehrgenerationen-Häuser, Senioren-Wohngemeinschaften u.a.? gibt es Verbundlösungen, in denen betreutes Wohnen, ambulante Dienste, stationäre Pflege, Reha-Einrichtungen über alle Pflegestufen miteinander verzahnt arbeiten? richtet sich der Standort proaktiv auf demographische Entwicklungen ein? wird auf Gefahren der ethnischen und sozialen Gettobildung geachtet? wird das Knowhow von Stadtentwicklungsgesellschaften intensiv genutzt? werden Verfahren der privaten Stadtentwicklung eingesetzt? fungieren Stadtentwicklungsgesellschaften optimal als Scharnier zwischen Verwertungsinteressen von Immobilienbesitzern und städtebaulichen Interessen der Kommune? gibt es Unter-/Überversorgung mit Einzelhandel? werden in Innenstadtlage inhabergeführte Geschäfte aufgegeben? ist eine verbrauchernahe Versorgung gewährleistet? ist es Ziel, die Nahversorgung zu stärken, d.h. den Einzelhandel dort anzusiedeln, wo die Menschen wohnen? genügen die Marketing-/ Förderaktivitäten des Standortes den Anforderungen, um Innenstadtlagen zu fördern/unterstützen? werden Jugendliche beim Übergang ins Berufsleben betreut? werden Jugendliche auch nach ihrem Schulabschluss betreut? sind ausreichend Bildungseinrichtungen vor Ort vorhanden?

Bewertung der definierten Standort-Beziehungskapitalfaktoren, beispielsweise Logistikanbindungen. Standort-Benchmarking, regionalwirtschaftliche Rahmenbeziehungen. Clusterbildung, überregionaler Standortverbund. Kongresse, Messen, Tagungen, Internet. Beziehungen Wirtschaft zu Wissenschaft. Verschärft sich durch die Globalisierung die Kluft zwischen Metropole und Umfeld? gibt es eine Spezialisierung des Standortes nach Branchen? gibt es eine Spezialisierung des Standortes nach Funktionen, z.B. Forschungs- und Entwicklungsabteilungen u.a.? gibt es am Standort Chancen zum Aufbau von Netzwerken, beispielsweise durch räumliche Nähe zwischen Politikern, Managern, Forschern? hat der Standort die Möglichkeit, die Ausprägung seiner eigenen Standortfaktoren mit anderen Standorten zu vergleichen? wo steht der eigene Standort im Wettlauf um die klügsten Köpfe und die innovativsten Ideen? gibt es ein ausgearbeitetes/bereits umgesetztes Konzept für Cluster-Bildung? sorgt der Standort dafür, dass für Unternehmen bestimmter Zielbranchen besonders gute Rahmenbedingungen hergestellt und Anstöße geliefert werden, damit sich entsprechende Cluster bilden? finden ansiedlungsinteressierte Firmen über das Internetangebot des Standortes alle benötigten Informationen? ist das Internetportal so gestaltet, dass es von potentiellen Investoren ohne Einschränkungen als Erstinformationsquelle bei der Standortsuche genutzt wird?

Eine der großen Industrienationen wie Deutschland lässt sich nur schwer oder überhaupt nicht anhand einer doch immer begrenzten Zahl von Indikatoren abbilden - es können daher nur Teilaspekte oder Momentaufnahmen sein, auf die man sich für eine Standortanalyse konzentrieren kann

Indikatoren auf Bundesebene: kein Standort ist für sich alleine eine Insel oder unabhängig von dem, was um ihn herum geschieht. Zwischen Innen- und Außenwelt eines Standortes wirkt vielmehr eine kaum über- und durchschaubare Anzahl von gegenseitigen Beziehungen. Indikatoren sind somit auch keine isolierten Schalt-, Meß- und Regelkreise. Jeder Standort in Deutschland, ob groß oder klein, ob zentral oder ablegen ist somit auf vielfältige Weise immer eng auch mit dem Standort Deutschland als Ganzes verknüpft. Besonders deutlich wird dies bei der Auslagerung von Betriebsteilen oder Neuansiedlung von Unternehmenseinheiten. Immer steht zuerst grundsätzlich der Standort Deutschland als Gesamtheit im Focus der Entscheidungen. Erst wenn eine Standortentscheidung für oder gegen Deutschland gefallen ist, verästeln sich die Entscheidungswege weiter in Richtung auf ein bestimmtes Bundesland, eine bestimmte Region oder einen ganz konkreten Standort. Es gibt somit ein Indikatorpaket, in das alle deutschen Standorte eingebettet sind und das mit ihren individuellen und ganz spezifischen Standortindikatoren in Beziehung steht. Direkt oder indirekt stehen diese Gesamtindikatoren also immer im Wettbewerb mit den entsprechenden Indikatoren anderer Länder.

Die jeweils ins Auge zu fassenden Indikatoren hängen stark von der zu behandelnden Thematik ab und werden meistens auch in Form allgemein zugänglicher Quellen beispielsweise der OECD, des Statistischen Bundesamtes und ähnlicher Institutionen in regelmäßigen Zeitabständen erhoben. Hierzu werden jedoch auch verstärkt kritische Fragen laut, beispielsweise: gibt es so etwas wie einen „BIP-Fetischismus"? Ist das BIP wirklich das Maß aller Dinge? Ist das BIP der optimale Index zur Messung von Wachstum und Wohlstand? Lässt sich das Wohlergehen der Menschen auf andere Weise nicht vielleicht besser und differenzierter messen? Wenn das BIP den Wert aller in einem Jahr in einer Volkswirtschaft produzierten Waren und Dienstleistungen abbildet: wie wird hierbei die Schattenwirtschaft berücksichtigt, die teilweise bis zu einem Fünftel der Wertschöpfung ausmacht? Was ist mit unbezahlten Leistungen in den Privathaushalten, der Pflege von Kindern und Angehörigen, den ehrenamtlichen Tätigkeiten? In diesem Zusammenhang gibt es Überlegungen dahingehend: etwa Maße zur Verteilung der Einkommen stärker zu betonen oder das BIP um soziale und ökologische Indikatoren zu ergänzen. Oder: wie können unerwünschte Nebenwirkungen der BIP-Messung ausgeschaltet werden? Beispielsweise: wenn Autofahrer im Stau stehen, erhöht das den Verbrauch an Treibstoffen, d.h. rein rechnerisch steigt das BIP obwohl hier eigentlich der entstehende Schaden zu messen wäre. Gefordert wird daher auch eine Nachhaltigkeitsrechnung, in der nicht nur Brutto-, sondern auch Nettowerte aufgeführt werden. Neue, zusätzliche Sozialindikatoren können daher ein differenzierteres Abbild der Gesellschaft liefern.

Standortindikatoren Bildungsniveau, Arbeitslosigkeit, Einkommenspotential und Fachqualifikationen: zwanzig Prozent der jungen Erwachsenen erreichen ein höheres Bildungsniveau als ihre Eltern. Zweiundzwanzig Prozent der jungen Erwachsenen beenden ihre Ausbildung aber mit einem niedrigeren Bildungsabschluss als ihre Eltern. Richtig werten kann man solche Ergebnisse allerdings erst in Form einer Zeitreihenanalyse und in Relation zu anderen Länderstandorten. Deutschland ist laut OECD das einzige Land, in dem die Erwerbslosenquoten für alle Bildungsniveaus gesunken sind. Deutschland gibt mehr als fünf Prozent seines BIP für die Bildung aus. Voraussichtlich mehr als vierzig Prozent der jungen Menschen in Deutschland werden in ihrem Leben an längeren, mehr theoretisch orientierten Studiengängen teilnehmen. In Deutschland gibt es deutlich mehr als eine halbe Million Studienanfänger, die Quote der Hochschulabsolventen liegt bei dreißig Prozent. Je höher der Bildungsstand desto höher das individuelle Einkommen und der gesellschaftliche Ertrag, desto geringer auch das Arbeitslosigkeitsrisiko. Nach Untersuchungen der OECD ist in Deutschland der staatliche Nutzen von Bildungsinvestitionen besonders hoch: Ausgaben von ca. 40.000 US-Dollar stehe jeweils ein Nutzen von ca. 170.000 US-Dollar gegenüber. Der kernige Marketingsatz des „Change Knowledge into Cash" findet hier seine Berechtigung. Insbesondere im Bereich hochqualifizierter Fachkräfte folgt der Stellenmarkt seinen eigenen Regeln, für die vermehrt Kreativität, Professionalität und stellen- bzw. unternehmensspezifische Bewertungsstrategien gefordert sind. Eine Standortbilanz kann hierbei als breite Kommunikationsplattform für persönliche Entwicklungsmaßnahmen eingesetzt werden: nichts wirkt so überzeugend wie eine Anschaulichkeit, wie sie in Form von Portfolio-, Ampeldiagramm- und Wirkungsnetz-Darstellungen geboten wird.

Mehrwert und Alleinstellungsmerkmal: der Weg über eine Standortökonomie weicher Faktoren bietet eine Vielzahl von Vorteilen, die anderen so nicht zugänglich sind: die Beschäftigung mit der Standortökonomie macht fit und verschafft Vorteile im Standortwettbewerb (mit der für Fragen der Standortentwicklung benötigten Problemlösungskraft kann man nicht auf Dauer in der untersten Bezirksligaklasse spielen). Haben sich Standortakteure erst einmal bis zu einem professionellen System durchgekämpft, so können sie dieses in späteren Perioden ohne größeren Aufwand (sofern IT-gestützt) immer wieder verwenden, d.h. es wären dann nur noch Aktualisierungen und Fortschreibungen nachzutragen. Damit hat man nicht nur jederzeit Zugriff auf eine aktuelle Momentaufnahme, sondern gleichzeitig die Möglichkeit zu Zeitreihenvergleichen und -analysen. Der Weg zu einem umfassenden System der Standortökonomie zwingt zu logisch sauberem Denken, zu konsequent strukturierter Vorgehensweise sowie zu vernetztem Denken. Bereits die Beschäftigung mit den Instrumenten und Indikatoren verschafft einen Gewinn und Mehrwert an Wissen und Erfahrung.

Statt die Dinge immer nur eindimensional zu betrachten, können Prozesse, Erfolgsfaktoren, Kapitalarten, Maßnahmen untereinander verknüpft, vernetzt und damit mehrdimensional (multivariat) analysiert/durchgerechnet werden. Und vielleicht das Beste von allem: Weit und breit könnten vielleicht nur wenige etwas Vergleichbares vorweisen. Der Standort würde einen nur schwer einholbaren Wettbewerbs- und Wissensvorsprung (und schon allein damit ein herausragendes Alleinstellungsmerkmal USP) erlangen. Eine Reihe von Vorteilen lassen sich bereits aus dem Prozess der Entwicklung herleiten: ganzheitliche Perspektive auf den Standort und Zusammenhänge zwischen externen und internen Strukturen, Identifizierung des Stellenwertes immaterieller Ressourcen für Möglichkeiten der weiteren Standortentwicklung, Prioritätensetzung für erforderliche Aktivitäten und Maßnahmen, Konzentration auf den Investor und dessen Anforderungen, Ausrichtung auf Wertschöpfungs- und Wettbewerbsprozesse, Standortbilanz kompatibel zu anderen Managementinstrumenten, Nachvollziehbarkeit (wie Ressourcen investiert werden und wo hieraus in welche Höhe eine entsprechende Wertschöpfung generiert wird).

Mit der Bewertung des „Unbewertbaren" für Standortentscheidungen größtmögliche Transparenz schaffen - durch das Hinterfragen komplexer Prozesse wird die Basis für zukünftige Verbesserungsmöglichkeiten gelegt

Kein Standort kann es sich heute noch leisten, dass seine unter Umständen wertvollen Standortressourcen unentdeckt und damit unbrauchbar bleiben. Dabei kann heute allgemein eher über zu viel als zu wenig an Informationen verfügt werden. Was fehlt, ist die Fähigkeit, Transparenz in diese komplizierte Standortumwelt zu bringen, d.h. alle Standortfaktoren vollständig zu identifizieren. Denn: ein Standort ist mehr als nur die Summe seiner Gebäude und Flächen. Es geht um eine Bewertung des „Unbewertbaren", d.h. die Bewertung von (nach manchen Auffassungen) nicht bilanzierbaren Standortwerten. Eine wichtige Grundlage dafür stellt das Instrument einer Standortbilanz dar, mit dem sich eine umfassende Bestandsaufnahme und Bewertung auch von immateriellen Faktoren realisieren lässt: mit dem Konzept der Standortbilanz lässt sich zudem eine Systematik anwenden, die auch zu den (zahlenorientierten) Denkstrukturen des Finanzbereichs passt. Die Standortbilanz macht Zusammenhänge zwischen Zielen, Geschäftsprozessen, Standortressourcen und Geschäftserfolg transparenter: die Verwendung der Standortressourcen wird dokumentiert und die Zielerreichung hieraus wird bilanziert. Da sich die Standorte nach Größe, wirtschaftlichem und sozialem Umfeld und nicht zuletzt auch hinsichtlich politischer Zielsetzungen unterscheiden, sollte jede Kommune eine eigene Lösung entwickeln, die ihrem individuellem Profil am besten entspricht und zur Differenzierung von anderen Standorten die Stärken überzeugend herausstellt, gleichzeitig aber mögliche Schwachpunkte nicht verschweigt. Dabei ist die Potenzialperspektive ein strategisches Kernelement: die Schwierigkeit des Erkennens von Potenzialen liegt vor allem darin, dass sie häufig mehr in Form von Visionen als in Form von exakt mess- und kontrollierbaren Zahlenwerten fassbar gemacht werden können.

In einer Bilanz mit auch immateriellen Standortwerten interessieren alle jene Kriterien, nach denen Unternehmen ihre Entscheidungen für und gegen Neu- bzw. Erweiterungsinvestitionen an einem bestimmten Standort treffen. Die Entwicklung eines Standortes ist immer das Ergebnis einer Vielzahl von Einflussfaktoren, die untereinander in dynamischen Wirkungsbeziehungen stehen: es kommt darauf an, Stärke und Dauer dieser Koppelungs- und Rückkoppelungseffekte möglichst genau zu kennen: um danach entsprechend entscheiden und handeln zu können. *Innovation:* die Entwicklung eines Standortes ist eng mit der Entwicklung von Innovationsfähigkeit verknüpft. Da sich der Innovationsoutput schwerer messen lässt, sollte der Innovationsinput (beispielsweise Ausbildungsstand des Humankapitals, Ausgaben für Forschung & Entwicklung) als indirekte Messgröße erhoben werden. *Erreichbarkeit:* die Entwicklung eines Standortes wird im Zeitalter der Globalisierung wesentlich durch seine Erreichbarkeit bestimmt. Eine gute Verkehrsanbindung ist heute für nahezu alle konkurrenzstarken Standorte gegeben: sie wird als mehr oder weniger selbstverständlich vorausgesetzt. *Besteuerung*: Steuern stellen sowohl für Unternehmen als auch für Arbeitnehmer eine wichtige Kostenkomponente dar. Im Standortwettbewerb spielt die Höhe der Hebesätze eine große Rolle. *Regulierung:* untersucht werden sollte die Regulierungsdichte einschließlich bremsender oder fördernder Auswirkungen sowohl auf Produktmärkten als auch auf dem Arbeitsmarkt.

Über die Standortökonomie weicher Faktoren können auch dynamische Wirkungszusammenhänge erfasst werden: dabei geht es um die dynamischen Zusammenhänge der immateriellen Ressourcen. Mit einer Wirkungsanalyse können Wirkungszusammenhänge innerhalb der Standortfaktoren erkannt werden: es können Aussagen zur Steuerbarkeit einzelner Faktoren und zu zeitlichen Verzögerungen bei den Wirkungszusammenhängen getroffen werden. Es werden die Wechselwirkungen der Einflussfaktoren analysiert, d.h.: es wird der Wirkungszusammenhang zwischen zwei unterschiedlichen Einflussfaktoren betrachtet, also dem Einfluss eines Faktors auf einen anderen (paarweise). Statt positiver können zusätzlich auch negative Wirkungen untersucht werden, d.h. Verschlechterungen innerhalb des Standortkapitals: was kann unter den gegebenen Umständen mit dem jeweiligen Einflussfaktor im negativen Fall passieren? Ergebnis: es werden zusätzliche Erkenntnisse über interne Risiken erlangt.

So mühsam der Entwicklungsprozess einer umfassenden Standortökonomie auch sein mag: der Aufwand lohnt sich schon allein deshalb, weil alle Beteiligten neue Erkenntnisse über Zusammenhänge gewinnen und das Verständnis für Probleme wächst. Vor allem Visualisierungen mit entsprechenden Interpretationstexten könnten geeignet sein, um die Bewertungen zusammen zu fassen und nur die wesentlichen Punkte hervorzuheben. Die Glaubwürdigkeit lässt sich weiter steigern, indem auch Defizite offen gelegt werden. Jedoch sollte man sich auf Schwächen konzentrieren, an denen man auch tatsächlich arbeitet und in den Folgeperioden mit großer Wahrscheinlichkeit Erfolge melden kann. Sollen gezielt Investoren angesprochen werden, kann eine Auswahl der Indikatoren helfen, ein glaubwürdiges Zahlenwerk vorzulegen. Intern sollte auf Nachvollziehbarkeit geachtet werden und dann der Schwerpunkt auf diejenigen Indikatoren gelegt werden, die man entwickeln will. Standortbilanzen verschaffen nicht nur der Kommune selbst, sondern insbesondere auch ortsansässigen und ansiedlungsinteressierten Firmen einen konkreten Vorteil in Form qualifizierter, nachvollziehbarer Standortinformationen. Darüber hinaus können sie sich durchaus positiv auf Standortentscheidungen auswirken, die häufig auf der Grundlage von solchen strategischen Informationen getroffen werden: eine detaillierte Bilanzierung gibt eine Antwort darauf, wofür der Standort steht, wie er sich selbst wahrnimmt und wie er von ansässigen und ansiedlungsinteressierten Unternehmen wahrgenommen wird.

Auswirkungen des demographischen Wandels auf Standortbedingungen - Demographic Change Data und Demographic Location Risk – Flüchtlinge und Migranten setzen Standorte und Stadtplanung unter Spannung

Laboratory Demographic Change: in Zusammenarbeit von Großunternehmen wurde eine wissenschaftlich fundierte Datenbasis zu den Auswirkungen des demographischen Wandels auf die Regionen entwickelt: Rostocker Zentrum zur Erforschung des Demografischen Wandels: Bündelung und Vereinheitlichung vorhandenes Datenmaterial von Quellen wie dem statistischen Amt der EU, der OECD und nationalen Statistikämtern. Der demographische Wandel in den europäischen Ländern prägt deren Standorte und bewirkt damit auch erhebliche Einflüsse auf die dort ansässigen Firmen: die zunehmende Lebenserwartung und der spätere Eintritt in den Ruhestand führen rein rechnerisch zu einem höheren Durchschnittsalter der Beschäftigten. An Standorten für die eine sinkende Bevölkerungszahl (beispielsweise aufgrund von Abwanderung, einer niedrigeren Geburtenrate u.a.) festzustellen ist, wird das Finden von geeignetem Nachwuchs dadurch schwieriger werden. Das in Karten verfügbare Datenmaterial kann in *Demographic Change Data* und *Demographic Location Risk* unterteilt werden.

Demographic Change Data: umfassen neben Angaben zur Entwicklung der Regionen auch Prognosen zur durchschnittlichen Alterung der Bevölkerung und zu ihrem Wachstum oder ihrer

Abnahme bis 2030, Und: für die am stärksten wachsenden Regionen wird mit einer Zunahme bis zu 50 % gerechnet. Auf der anderen Seite wird für mache Regionen ein Rückgang um bis zu 36 % erwartet. Die Extremwerte beider Seiten können sogar in eng benachbarten Regionen auftreten, d.h. während der eine Standort mit Alterung zu kämpfen hat, verjüngt sich ein Standort in direkter Nachbarschaft.

Auf Basis des demografischen Datenmaterials haben die Demografen Einschätzungen entwickelt, wie sich die Standortfaktoren „Humankapital", „Arbeitskräfteangebot", Arbeitsproduktivität" und „Forschung und Entwicklung" entwickeln werden. Für die Einschätzung der Entwicklung o.a. Standortfaktoren wurden verschiedene weitere Indikatoren wie beispielsweise Anmeldung von Patenten aus der Hightech-Branche, Teilzeitarbeit von Frauen (ist sie hoch, wird dies positiv bewertet), relative Erwerbstätigkeit von Frauen und älteren Erwerbsfähigen (werden als Integrationsproblem bewertet) oder die Erreichbarkeit der Bevölkerung (Verkehrsanbindung) einbezogen. Aus den Bewertungen und Einschätzungen ergibt sich für jeden Standortfaktor einer Region eine Punktzahl zwischen − 5 und + 5: Regionen bzw. Standorte mit einem Wert > + 3 erhalten das Prädikat „Gute Chancen", Regionen bzw. Standorte mit einem Wert < -3 werden unter „Hohes Risiko" eingestuft. Auf diese Weise entsteht ein Gesamtbild, aus dem sich eher risikobehaftete Regionen und solche ablesen lassen, die beste Chancen haben, den demographischen Wandel insgesamt gut zu überstehen.

Flüchtlingskrise setzt Welt unter Spannung: die moderne Ökonomie steht vor der Herausforderung von wichtigen, langfristigen Dynamiken: demografischer Wandel, Alterung der reichen Industrienationen, hohes Bevölkerungswachstum in vielen unterentwickelten Ländern Asiens und Afrikas. Experten sind der Meinung, dass sich die Hoffnung einiger Politiker nicht erfüllen würde: dass der Migranten-Zuzug aus Krisenländern am Standort Deutschland dessen demographische Probleme lösen könnte. „Ob Flüchtlinge längerfristig einen wirtschaftlichen Beitrag leisten oder eine finanzielle Belastung sein werden, sei ungeklärt: wenn die Flüchtlinge nur schlecht im Arbeitsmarkt unterkommen, dann werden die Probleme noch verschärft". In den Industrieländern wurde die Wirtschaftsentwicklung einst durch sinkende Geburtenraten angeschoben. Diese machten es möglich, dass die kleinere Zahl der Kinder eine höhere Bildung bekam. „Und eine längere Lebenserwartung ermunterte die Menschen zu mehr Investitionen in ihr Humankapital". Diese demographische Rendite ist allerdings zeitlich beschränkt und kann sich in eine Negativrendite umkehren, wenn die Folgen der Alterung voll durchschlagen. Man nimmt an, „dass die Wiege der Menschheit in Afrika lag und dann einzelne Stämme etwa vor 70.000 bis 90.000 Jahren aus Afrika in andere Erdteile, nach Europa und Asien, wanderten.....in Afrika hat sich wegen der sehr viel längere Besiedlungsgeschichte eine größere genetische Vielfalt der Gesellschaften herausgebildet. Diese „Diversität" ist für Wirtschaftswissenschaften ein Ansatzpunkt um herauszufinden, warum einige Länder so reich geworden sind und andere arm geblieben sind. Nach dieser Meinung könne mehr

„Diversität" sowohl Vor- als auch Nachteile haben: „zum einen wirken unterschiedliche Fähigkeiten und Talente befruchtend und stoßen Innovationen an, doch zu große Heterogenität der Gesellschaft kann auch die Zusammenarbeit erschweren und zu Konflikten bis zum Zusammenbruch führen. Die nordamerikanische Gesellschaft und die europäischen Völker hätten für die heutige Zeit ein optimales Niveau an Diversität. Dies habe ihre Wirtschaftsentwicklung gestärkt.

Stadtplanung im Flüchtlingsstrom – sich gegen Änderungen des Marktumfeldes wappnen: die FAZ berichtete über das Gerangel um amerikanische Kasernen, die eine Chance für die Stadtentwicklung (beispielsweise von Bamberg) werden sollten: mehrere hundert Hektar in zentraler Lage, uni- und bahnhofsnah, mit Anbindung an die Autobahn sollten Wohnungen für mehrere tausend Menschen Platz bieten. Kommunale Planer wollten einstige amerikanische Militärflächen einer neuen Zukunft zuführen. Doch plötzlich wird dann alles anders: das Land will diese Flächen für ein Rückführungszentrum für Asylbewerber mit geringer Bleibewahrscheinlichkeit nutzen. Das laufende Verfahren zum Kauf des Gesamtgeländes, der (erfolgreich) abgeschlossene Bürgerbeteiligungsprozess, der fraktionsübergreifend erarbeitete Entwicklungsplan: alles dies wird jetzt auf Eis gelegt, die bisherigen kommunalen Ziele verschoben oder ganz aufgegeben. Alles in allem wäre diese eine eklatante Interessenkollision. Gerade in Mittel- und Großstädten (und auch anderswo) haben sich Konflikte um begehrte Flächen zusammen gebraut. „Die kommunale Planungshoheit gilt zwar als Schlüssel für sinnvolle Stadtentwicklung, dafür braucht es aber genau die Flächen, die höhere Ebenen den Städten nun verwehren". Konversionsflächen werden außerhalb der langfristig angelegten Stadtplanung nunmehr anderweitig gebraucht. Eine im Gegensatz hierzu positive Entwicklung ist, dass sich während der letzten Jahre in Deutschland Einzelhandels-, Hotel- oder Logistikimmobilien als Anlageprodukte behaupten konnten: „Sie stellen schon lange keine Nischeninvestitionen mehr dar, sind im Gegenteil absolut etabliert und gelten – nicht nur aufgrund des Mangels an qualitativ hochwertigen Büroimmobilien an Topstandorten – zu Recht als wichtige Objektklasse". Das A und O dabei bleibt nach wie vor, die Qualität der Immobilie im Blick zu behalten, um gegen Änderungen des Marktumfeldes (wie oben beschrieben) gewappnet zu sein. Neben notwendigem Knowhow werden hierfür die entsprechenden Indikatoren benötigt.

Geschäftsklima-, Konsumklima-, Konjunktur-, Immobilien- und Metindikatoren

Der *Geschäftsklimaindex* wird seit 1972 ermittelt. Als Grundlage dienen etwa 7.000 monatliche Einschätzungen von Unternehmen des Verarbeitenden Gewerbes, des Bauhauptgewerbes sowie des Groß- und Einzelhandels. Die Unternehmen werden gebeten, ihre aktuelle Geschäftslage zu beurteilen und eine Prognose für die nächsten sechs Monate abzugeben. Die aktuelle Lage kann mit „gut", „befriedigend" oder „schlecht" und die Geschäftserwartungen mit „günstiger", „gleichbleibend" oder „ungünstiger" bewertet werden. Die Auswahlmöglichkeiten „befriedigend" bzw. „gleichbleibend" werden als neutral gewertet. Gewichtet nach der Bedeutung der Branchen ergibt die Differenz der Kennzeichnungen „gut" und „schlecht" einen Saldowert für die gegenwärtige Geschäftslage. Entsprechend ergibt die Differenz der Prozentanteile zwischen „günstiger" und „ungünstiger" einen Saldowert für die Halbjahresprognose. Aus dem transformierten Mittelwert der Salden entsteht der Indexwert für das Geschäftsklima. Aus den Angaben ergeben sich somit drei Konjunkturdaten: Geschäftsklima, Geschäftslage und Geschäftsaussichten. Der ifo Geschäftsklimaindex gilt als vielbeachteter Frühindikator für die konjunkturelle Entwicklung in Deutschland. Er dient der Ergänzung von amtlich erhobenen Statistiken. So kommt ihm eine besondere Bedeutung bei der Prognose von Trendwenden im Wirtschaftswachstum zu. Wobei beachtet werden muss, dass eine Trendwende in der Konjunkturentwicklung erst nach einer dreimaligen Bewegung des Geschäftsklimaindex in die entsprechende Richtung zu erwarten ist. Der Vorteil liegt in der allmonatlichen Erhebung der Daten. Somit sind die resultierenden Werte zumeist schneller verfügbar als quartalsweise veröffentlichte amtliche Statistiken.

GfK-Konsumklimaindex: zur Klärung der Entwicklung des privaten Verbrauchs werden allmonatlich rund 2.000 Verbraucherinterviews mit Personen ab 14 Jahren geführt, die im Auftrag der EU-Kommission durchgeführt werden. Zu den wesentlichen und einflussreichsten Indikatoren gehören im Einzelnen die Konjunkturerwartung, Einkommenserwartung und die Anschaffungsneigung. Aus Berücksichtigung dieser Einzelindikatoren resultiert der Gesamtindikator Konsumklimaindex. Darüber hinaus werden darin auch Einzelinformationen über die Ausgabenvorhaben der Verbraucher für 20 Bereiche der Gebrauchsgüter, Verbrauchsgüter- und Dienstleistungsmärkte. Mit Hilfe von zwölf Fragen soll hierbei die Entwicklung des privaten Verbrauchs und somit des Konsumverhaltens erklärt werden. Beim Indikator für die Anschaffungsneigung wird den Verbrauchern beispielsweise folgende Frage gestellt. „Glauben Sie, dass es zur Zeit ratsam ist, größere Anschaffungen zu tätigen?" Mögliche Antworten sind: „der Augenblick ist günstig", „der Augenblick ist weder günstig noch ungünstig" und „der Augenblick ist ungünstig". Aus positiven und negativen Antworten ergibt sich ein Saldo, der dann in den einzelnen Index umgerechnet wird. Der langjährige Index lag auf der Nulllinie, d.h. bei etwa 0,0 Punkten. Der GfK-Konsumklimaindex gilt als vielbeachteter Indikator für die konjunkturelle Entwicklung in Deutschland. Zudem dient er der Ergänzung von weiteren amtlich erhobenen Statistiken wie dem EU-Verbrauchervertrauen. So kommt ihm eine besondere Bedeutung bei der Prognose von konjunkturellen Entwicklungen zu. Der Vorteil liegt in der allmonatlichen Erhebung der Daten. Somit sind die resultierenden Werte meistens schneller verfügbar als quartalsweise veröffentlichte Statistiken.

ZEW-Konjunkturerwartungen (Quelle: Zentrum für Europäische Wirtschaftsforschung): der Indikator ergibt sich aus dem ZEW-Finanzmarkttest als Saldo der prozentualen positiven und negativen Antworten auf die Frage nach der Konjunkturentwicklung mit Sicht auf sechs Monate. Die Antworten der bis zu 350 Finanzexperten bei der ZEW-Umfrage werden jeweils durch die Richtungsaussagen „verbessern", „nicht verändern" oder „verschlechtern" gegeben. Sind beispielsweise 30 Prozent der Umfrageteilnehmer der Meinung, die wirtschaftliche Lage wird sich verbessern und 40 Prozent sind der Ansicht, sie wird sich verschlechtern, so ergibt sich ein Saldo für die Konjunkturerwartungen von -10. Der Anteil derjenigen, die mit keiner Veränderung rechnen, spielt dabei keine Rolle. Der historische Mittelwert des Index liegt bei 27,5. Alle Ergebnisse darunter sind daher in der Tendenz eher negativ zu bewerten. Die ZEW-Konjunkturerwartungen gelten als vielbeachteter Frühindikator für die konjunkturelle Entwicklung in Deutschland. Der Vorteil liegt in der allmonatlichen Erhebung der Daten: Resultate sind meistens schneller verfügbar als quartalsweise veröffentliche Statistiken.

Immobilienpreise sind eine Frage des Standortes – Erschwinglichkeitsindex zeigt Verhältnis Kaufpreise zur Einkommensentwicklung: beispielsweise kostet in München der Quadratmeter um die fünftausend Euro. Und das auch nur, weil viele Immobilien in Randlagen zum Kauf angeboten werden (in Top-Lagen werden durchaus auch zehntausend Euro erreicht). Nach Erhebungen des Deutschen Instituts für Wirtschaftsforschung DIW treten spekulativen Preisblasen aber nur lokal und regional sehr begrenzt auf (nur in bestimmten Straßenzügen von großen Städten, den Szenevierteln). Zudem seien Preisblasen weitgehend auf das (relativ kleine) Neubausegment beschränkt. Die sogenannten A-Städte lagen bei der Preisentwicklung in den vergangenen Jahren hinter den kleinen B- und C-Städten zurück: weil sie konjunktur- und krisenanfälliger seien (im Vergleich zu kleineren Universitätsstädten). Im Rahmen einer guten wirtschaftlichen Entwicklung zögen daher die Metropolen dann auch schneller nach.Nach Meinung von Immobilienexperten muss man Immobilienpreise zudem immer auch in Relation zu anderen Preisentwicklungen analysieren und bewerten.

Immobilienpreise im Verhältnis zu den ortsüblichen Mieten: das Verhältnis vom Kaufpreis pro Quadratmeter zur Kaltmiete pro Quadratmeter gibt an, wie hoch die Risikobereitschaft von Immobilieninvestoren in einer Stadt ist (im Durchschnitt etwa das Zwanzigfache dessen, was der Besitzer als Jahresmiete mit dem gleichen Objekt erzielen würde). *Preis-Einkommen-Verhältnis*: zwar sind die Kaufpreise gestiegen, die Einkommen aber auch. Sinkt der sogenannte Erschwinglichkeitsindex, können Immobilien sogar dann vergleichsweise günstiger werden, wenn ihre Preise stagnieren oder gar steigen. *Zinsen*: sind der dritte Faktor, den es bei der Beurteilung von Immobilienpreisen zu berücksichtigen gilt. Sinkende Finanzierungskosten können unter dem Strich steigende Immobilienpreise zum Teil (ganz) wieder wett machen. Im internationalen Wettbewerb gesehen gelten die Immobilienpreise am Standort Deutschland nach wie vor als durchaus moderat. Selbst die Hochpreismetropole München rangiert hier erst weit hinten auf Platz fünfzehn.

Immobilienwirtschaft in der Big Data-Welt: wie zahlreiche andere Branchen auch, ist auch die Immobilienwirtschaft einem dynamischen Wandlungsprozess ausgesetzt. Nach Meinung von Experten bieten Immobilien gute Voraussetzungen, um für Datenanalysten attraktiv zu sein. Die Betreiber von Einkaufszentren kennen beispielsweise die Umsatzentwicklung jedes einzelnen Shops, die Passantenfrequenz an jedem einzelnen Tag, zu jeder Stunde. Aber auch hier gilt: interessant ist Big Data eigentlich nur dann, wenn es gelingt, aufgrund der gesammelten Daten künftige Entwicklungen (präzise) vorherzusagen. Beispielsweise: wenn man Daten zum Wirtschaftswachstum und zur Kaufkraftentwicklung mit dem Einkaufsverhalten im Internet kombiniert, um daraus (regional differenziert) abzuleiten, wie hoch der Bedarf an Logistik- und Einzelhandelsflächen sein wird. Oder: wenn Suchanfragen bei Wohnungsportalen im Internet, Buchungen bei Zimmervermittlern und die Handydichte miteinander kombiniert werden, um daraus die künftige Attraktivität bestimmter Stadtteile bei der Wohnortwahl zu berechnen. Wenn es in einem Gebiet mehr Handys als Einwohner gibt, wird dies von ‚Analysten als Zeichen dafür gewertet, dass dieses Gebiet an Attraktivität gewinnt.

Oder: es werden räumliche Modelle entwickelt, die Preisunterschiede von Wohnimmobilien adressgenau abbilden. Die Kunst dabei: herauszufinden, welches die richtigen Quellen (Big Data per se ist noch kein Mehrwert) und die richtigen Algorithmen sind. Schwierigkeiten ergeben sich daraus, dass Immobilien Einzelstücke sind, deren serielle ‚Erfassung und Bearbeitung nur beschränkt möglich ist. Genaue Daten zu Immobilientransaktionen werden zudem immer nur mit großer Verzögerung ausgewiesen. „Wer immer über geheime, wertvolle Informationen aus dem Immobilienmarkt verfügt, wird sie lieber für sich behalten und allein verwerten. Schließlich geht es fast immer ums große Geld."

Umgang mit undurchsichtigen Zusammenhängen am Beispiel von Umwelt- und Energieeffizienzindikatoren - gezielte Analyse des Zusammenwirkens von Standortindikatoren und Handlungsempfehlungen mit einer hierfür geeigneten Tool-Box unterstützen

Decision Support - Umweltindikatoren - zur Verwirklichung eines wirkungsvollen Umweltschutzes sind Unternehmen und öffentliche Verwaltung auf zuverlässige und aktuelle Informationen über die Umwelt angewiesen. Zwischen Umweltzielen einerseits und Image-, Kommunikations- und Wettbewerbszielen andererseits bestehen starke, sich gegenseitig fördernde Beziehungen. Offensive Öko-Controllingstrategien beziehen daher bewusst Reaktionen auf Wettbewerber-Umweltschutzaktivitäten mit ein. Je ausgeprägter der Wettbewerbsfaktor, mit dem sich ein Unternehmen konfrontiert sieht, desto marktbezogener müssen Anpassungen und Chancen im Hinblick auf den Umweltschutz wahrgenommen werden. Vorausschauendes Öko-Controlling als integraler Bestandteil der Zukunftsvorsorge bezieht sich dabei nicht nur auf punktuelles Handeln, sondern muss als Querschnittfunktion alle Phasen des Produkt- Lebenszyklus, d.h. von der Planung von Produktionsverfahren und Produktentwicklung über die Beschaffungsseite, Produktionsphase, Distributionsphase und Verwendungsphase bis hin zur Nach-Verwendungsphase einbeziehen. Es geht darum, die gesamte Wertschöpfungskette von ertragsbelastenden Reststoffströmen zu entkoppeln und hieraus evtl. entstehende Innovationspotentiale freizusetzen. Zur Verwirklichung eines wirkungsvollen Umweltschutzes sind Unternehmen und öffentliche Verwaltung auf zuverlässige und aktuelle Informationen über die Umwelt angewiesen. Hierzu besteht ein wachsender Bedarf nach weitgehend automatisierten Lösungen, da sie ein entscheidender Faktor sind, um die Kosteneffizienz von Umweltschutzmaßnahmen zu erhöhen. Das Anwendungsgebiet Umweltinformationssysteme umfasst gleichermaßen Gebiete der Ökologie und Informationstechnologie. Je mehr verschiedene Substanzen in die Produktion einfließen desto unüberschaubarer werden die langfristigen ökologischen Auswirkungen. Das Rechnungswesen wird nur selten in der Lage sein, geeignete Informationen zur Kontrolle solcher Auswirkungen von Unternehmensaktivitäten auf die Umwelt bereitzustellen, d.h. sinnvoller Umweltschutz sowie eine Beurteilung komplexer Zusammenhänge aus verschiedenen Umwelt-Einflussfaktoren wie Luft, Wasser, Abfall, Strahlung etc. ist ohne Einsatz geeigneter Informationstechnologien nicht mehr denkbar. Die Reststoffentsorgung muss anfallenden Abfall „von der Wiege bis zur Bahre" verfolgen und darüber ein entsprechendes Begleitschein- und Entsorgungsnachweis-Wesen führen können. Nach den vorgeschriebenen betrieblichen Abfallwirtschaftskonzepten müssen eine Abfallstatistik über Art, Menge und Verbleib von Abfällen, die getroffenen und geplanten Maßnahmen zur Vermeidung und Verwertung von Abfällen, die Entsorgungssicherheit sowie die umweltverträgliche Entsorgbarkeit nach Ablauf der Produkt- Lebensdauer ausgewiesen werden.

Energieeffizienz-Indikatoren - Input-/Outputanalyse auf der Mikroebene - Energieverbrauchsindikatoren auf der Makroebene. Spezifische Energie-Kennzahlen ermöglichen Vergleichsmöglichkeiten für eine Positionsbestimmung im Wettbewerb. Weiter können durch Energie-Kennzahlen die Hauptemissionsquellen des Unternehmens und wichtige Einsparpotentiale aufgezeigt sowie wichtige Investitionsentscheidungen unterstützt werden. Die Verwendung von Energieverbrauchsindikatoren für Prognosen kann insbesondere dann einen Beitrag leisten, wenn die Indikatoren und die entsprechenden Leitgrößen auf dem passenden Aggregationsgrad gut prognostizierbar sind. Für die Beurteilung von Szenarien können Indikatoren dazu beitragen, die Realitätsnähe und Konsistenz von Annahmen zu prüfen. Die zur Beurteilung der Energieeffizienz gebildeten Indikatoren sollten bestimmten Anforderungen genügen. *Datenverfügbarkeit*: die erforderlichen Daten sollten leicht verfügbar sein oder mit geringem Aufwand erhoben werden können. *Datenqualität:* für Indikatoren sollten Daten mit geringen stochastischen Streuungen oder systematischen Verzerrungen verwendet werden. *Aktualisierbarkeit*: für die Indikatoren zugrundeliegenden Daten sollten vollständige Zeitreihen mit Jahresdaten vorliegen. *Vergleichbarkeit*: die Indikatoren sollten je nach Fragestellung sachlich und auch zeitlich vergleichbar sein. *Konsistenz*: das Indikatorsystem sollte konsistent strukturiert sein, d.h. Datenbasis und methodischen Ansätze sollten in sich widerspruchsfrei sein. *Analytische Fundierung*: Indikatorsysteme sollten hinsichtlich Auswahl und Systematik von Indikatoren sowie der Spezifizierung der einzelnen Indikatoren analytisch fundiert sein.

Problemrelevanz: Indikatoren sollten hinsichtlich ihrer empirisch-quantitativen Bedeutung und der Repräsentanz für die betrachtete Grundgesamtheit gebildet werden.

Energieverbrauchsindikatoren auf der Makroebene: International üblich werden auf der gesamtwirtschaftlichen Makroebene folgende Energieverbrauchs- Indikatoren angewendet: Primärenergieverbrauch je Einwohner, Primärenergieverbrauch je Einheit Bruttoinlandsprodukt (gesamtwirtschaftliche Energieintensität), Bruttostromverbrauch je Einwohner, Bruttostromverbrauch je Einheit Bruttoinlandsprodukt. Die Veränderungen der Indikatoren ergeben sich aus den verbrauchssteigernden Wirkungen einer wachsenden Bevölkerung und einem steigenden Bruttoinlandsprodukt einerseits sowie aus den verbrauchsmindernden Effekten einer sinkenden Energie- und Stromintensität andererseits. Energieverbrauchsindikatoren für den Industriesektor (verarbeitendes Gewerbe ohne Mineralölverarbeitung, einschl. übriger Bergbau) müssen auch Aktivitätsentwicklung, industrieller Strukturwandel und technisch bedingte Veränderungen der Energienutzung als Einflusskomponenten berücksichtigten.

Input-/Outputanalyse auf der Mikroebene: Bei den Energieträgern wird zunächst zwischen Primär- und Sekundärenergie unterschieden: während Stoffe wie Kohle, Rohöl und Erdgas der Primärenergie zuzuordnen sind, bezeichnet man die vom Verbraucher eingesetzten aus Primärenergieträgern umgewandelten Energien als Sekundärenergie (z.B. aus Kohle erzeugter Strom, aus Erdöl gewonnenes Benzin oder Heizöl). Daraus wird die für das Unternehmen benötigte Nutzenergie wie Licht, Kraft, Wärme erzeugt. Die einzelnen Energieformen unterscheiden sich sowohl hinsichtlich ihres Energieinhalts als auch hinsichtlich ihrer unterschiedlichen Schadstoffwerte. In einer Stoff- und Energiebilanz nach der Systematik der Betriebsbilanz können einerseits Stoffe (Materialien, Hilfs- und Betriebsstoffe) und Energieträger (Strom, Öl u.a.) als Inputs und andererseits Emissionen als Outputs des Betriebes erfasst werden. In- und Outputs können für Produktionsprozesse bis hin zu einzelnen Prozessschritten weiter detailliert werden. Durch die Zuordnung der In- und Outputs zu einzelnen Prozessen oder Prozessstufen können Schwachstellen und Optimierungspotenziale genauer lokalisiert werden. Für den Input müssen hinsichtlich bezogenem Strom, selbsterzeugtem Strom, Wasser, Heizöl, Erdgas, Propangas, Schweröl u.a. zunächst die jährlich anfallenden Verbrauchsmengen und Kosten tabellarisch erfasst werden. Zusätzlich zum Input der Energieträger muss auch der energetisch bedingte Output bezüglich Lärm, Abluft, Abdampf einschließlich Abwärme und Abwasser erfasst werden. Ermittelt werden sollten energiebedingte Schadstoffemissionen wie CO_2, CO, SO_2, NO_X, Staub sowie organische Verbindungen aus Verbrennungsprozessen. Die Ermittlung dieser Werte kann entweder über direkte Messungen oder über die Berechnung von Emissionsfaktoren erfolgen.

Wenn zahlreiche, eng miteinander verknüpfte, zudem auch eigendynamische Variablen in einem zu analysierenden System wirksam sind, ist ein systematisches Durchprobieren aller Einflussfaktoren oft schon aus Zeit- und Kapazitätsgründen kaum möglich. Auch ein Versuch, unter Konstanthaltung aller Größen mit Ausnahme einer einzigen, die dann gezielt verändert wird bringt oft nicht das gewünschte Ergebnis, nämlich dem Gesamtsystem Reaktionen zum Zwecke der Identifikation von Wirkungszusammenhängen zu entlocken. Allein schon deshalb, weil es meistens nicht möglich ist, das gesamte Gefüge der Einflussfaktoren bis auf ein Element konstant zu halten. „Man kennt normalerweise gar nicht alle wirksamen Systemelemente, und von den bekannten entziehen sich wiederum einige dem direkten Zugriff. Ein an der sichtbaren Oberfläche ruhiges System lässt keineswegs immer den Schluss zu, dass sich im Innern ebenfalls nicht verändere".

Aussichtsreicher wäre es, möglichst breitgefächert an die Analyse heranzugehen und ein nach den jeweiligen Schwerpunktkriterien ausgewähltes Bündel von Einflussfaktoren gleichzeitig zu manipulieren, um dabei Antworten auf dieses mehrdimensionale Eingriffsmuster zu beziehen. Monokausale Beziehungen sind in dynamischen Wirkungsnetzen ohnehin eher die Ausnahme. Auch können auf diesem Weg wesentliche Verbindungen zwischen ganzen Variablengruppen herausgearbeitet werden, über die eine Steuerung des Gesamtsystems möglich ist. Diese Methode wird mit der Entwicklung einer Standortbilanz gezielt verfolgt. Man erhält dadurch auch ein Gefühl der Handlungsmacht, das zur Aufrechterhaltung aktiven Agieren notwendig ist. Ansonsten besteht die Gefahr, dass man sich ausgerechnet bei dramatischen Veränderungen ganzer Systembereiche zu sehr auf Einzelpositionen bezieht. Der ohnehin meistens nicht sehr ausgeprägte Blick auf das Zusammenwirken aller Einflussfaktoren würde sich noch weiter verengen. Denn gerade in einem Krisenmodus wäre eine solche Konzentration auf letztlich winzige und unbedeutende Nebenschauplätze des Geschehens unangemessen und auch Außenstehenden nicht nachvollziehbar zu vermitteln.

Im Falle von undurchsichtigen Zusammenhängen muss man oft von den unterschiedlichsten Erfahrungshorizonten der Akteure ausgehen. Besonders wenn sich Entscheider in hierarchischen Positionen befinden, in denen sie (zumindest bis zu einem gewissen Grade) Dinge nach ihren eigenen Vorstellungen gestalten können. Es herrscht zwar an der Oberfläche betriebsame Hektik, doch wirksam gehandelt wird in undurchsichtigen Situationen eher weniger. Hinter dem Schleier von Aktionismus verbirgt sich oft akuter Handlungsmangel. Der Charakter mancher Entscheidungen entspricht einer Fahrweise, die ständig zwischen Vollgas und Totalbremsung wechselt.

Mit einem Satz: man braucht eine transparente und nachvollziehbare Kommunikationsplattform, mit denen auch (oder gerade) in Situationen hoher Unsicherheit und Komplexität sinnvolle Richtlinien für verantwortungsbewusstes Handeln festgemacht werden können. Gerade in schwierigen Situationen, wenn für das eigene Vorgehen keine klaren Vorgaben abrufbar sind, muss eine gezielte Analyse des Zusammenwirkens von Werthaltungen und Handlungsabsichten methodische und thematisch mit einer hierfür geeigneten Tool-Box unterstützt werden können. Es geht um flexible Reaktionsoptionen und differenzierte Abstufungen von Meinungsunterschieden. Reichen hierfür die im konkreten Anwendungsfall isolierten Einflussfaktoren und deren Merkmale nicht aus, so sollten diese zu möglichst einheitlichen Bündeln strukturiert werden. Aus der Gleichzeitigkeit des Vorhandenseins bestimmter Einflussfaktoren kann auf deren Reaktions- und Verhaltensmuster geschlossen werden.

www.ingramcontent.com/pod-product-compliance
Lightning Source LLC
Chambersburg PA
CBHW031427210526
45464CB00005B/2089